PROBLEMAS DE CINEMÁTICA

SÓLIDO RÍGIDO Y MECANISMOS PLANOS

Juan Francisco Brito Díaz

La presente edición ha sido revisada atendiendo a las normas vigentes de nuestra lengua, recogidas por la Real Academia Española en el *Diccionario de la lengua española* (2014), *Ortografía de la lengua española* (2010), *Nueva gramática de la lengua española* (2009) y *Diccionario panhispánico de dudas* (2005).

Problemas de cinemática. Sólido rígido y mecanismos planos

Primera edición: Febrero 2021

Depósito legal: A 55-2021
ISBN: 978-84-17924-92-8

Impresión: Editorial Club Universitario

© Del texto: Juan Francisco Brito Díaz
© Maquetación, corrección y diseño: Editorial Club Universitario

Editorial Club Universitario. Telf.: 965 676 133
www.editorialecu.com
editorial@ecu.fm

Impreso en España - Printed in Spain

ÍNDICE

PRÓLOGO

Espero que este libro sirva de apoyo, a los/las alumnos/as de las titulaciones de Ingeniería o Ciencias Físicas, en todo lo concerniente a la Cinemática del Sólido en 2D, así como en sentar principios básicos para los alumnos de las especialidades de Mecánica, en todo lo relacionado con la Cinemática de Mecanismos Planos. Está desarrollado en resultados generales (la mayoría de los ejercicios NO tienen resultados numéricos), puesto que así se me formó como físico. Muchos de ellos plantean las ecuaciones de resolución de lo pedido, en términos LITERALES, de forma que una vez indicadas las incógnitas y los datos de los que se disponen, se deja al lector la resolución de dichos sistemas.

El libro surge en una etapa de enorme dolor personal por la pérdida de mi hija a principios del año 2019, y solo tiene como intención la de hacerle un pequeño homenaje personal, a quien tanto quise, y de quien recibí tanto; así como prestar una ayuda a tantos y tantos alumnos/as en los principios básicos de la notación de índices o en los conceptos del movimiento relativo que, en ocasiones, presentan dificultades conceptuales para ellos.

Juan Francisco Brito Díaz
La Laguna (Tenerife)
6 de julio de 2020.

A mi mujer, que siempre me ha apoyado.

A nuestra PRINCESITA, Ylenia, que nos dejó en enero del año 2019, a la edad de 14 años, seguramente para (como era todo bondad y corazón generoso) guiarnos desde el cielo y explorar esos mundos que la hacían una lectora incansable y una adolescente (persona, hija y amiga) MARAVILLOSA.

Te echamos tanto de menos…

No es frecuente que en un libro relacionado con las ciencias o la ingeniería se incluyan imágenes como la que aparece en esta hoja.

La explicación es sencilla. Este, como otros muchos dibujos que mi hija Ylenia (2004-2019) («monigotas», las llamaba ELLA) hizo a lo largo de su vida, tanto en la enseñanza Primaria como luego en la Secundaria (bien porque estaba estresada, o por diversión, tanto en sus libretas o en las de sus compañeros, que se lo pedían porque les gustaban) acompaña este texto, como un pequeño homenaje de sus padres, por todo lo que nos dio.

Gracias, YLE.

TEORÍA BÁSICA

TEORÍA

1. Introducción

Se dice que un sólido rígido está dotado de un movimiento plano, cuando todos los puntos describen trayectorias situadas en planos paralelos (tomando siempre uno fijo que actúe como referencia). Con esto lo que conseguimos es simplificar el estudio del movimiento, ya que sustituiremos el movimiento de este, del sólido, por su proyección sobre un plano que esté fijo. Esto tendrá validez si el movimiento de este plano de referencia (proyección) nos da información del movimiento de todo el sólido.

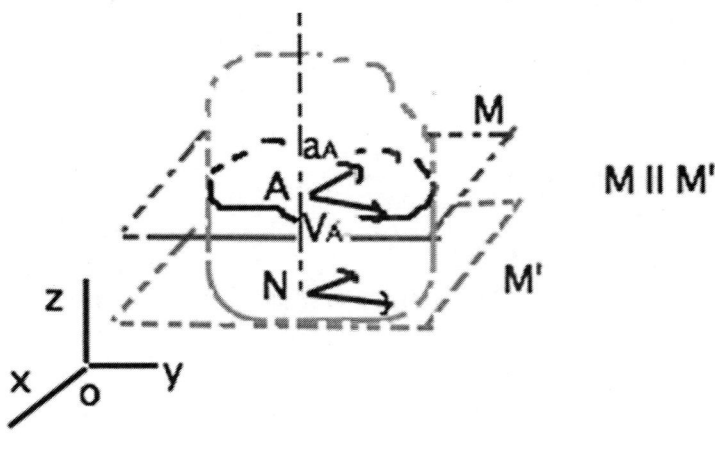

FIG. 1

Teniendo en cuenta que las distancias entre pares de puntos en un sólido son constantes, se puede demostrar que todos los puntos que se encuentren sobre una misma recta tienen la misma velocidad. Con lo que el movimiento resultante se reduciría al de una única sección plana (explicación en los ejercicios resueltos).

CAMPO DE VELOCIDADES

Si se tiene en cuenta la relación entre las velocidades entre dos puntos A y B cualesquiera de una parte (plano o placa) del sólido:

$$V_B = V_A + W \times AB \tag{1}$$

Al multiplicar ambos miembros por un vector unitario **e característico del plano (y, por tanto, perpendicular a este)**, tenemos:

$$V_B \cdot e = V_A \cdot e = 0 \tag{2}$$

Entonces, el producto del segundo término de la derecha de la igualdad por **e**, es cero. Esto nos indica que al ser A y B dos puntos (DISTINTOS) cualesquiera del sólido que:

$$(W \times AB) \cdot e = (W \times AB) \cdot AB = 0 \tag{3}$$

O sea, que **e** y **W DEBEN DE SER COLINEALES, es decir, que EN EL MOVIMIENTO PLANO W, TIENE SIEMPRE DIRECCÓN PERPENDICULAR AL PLANO DE MOVIMIENTO.**

VELOCIDAD DE DESLIZAMIENTO

Podemos ver que todos los puntos de cualquier recta paralela a la velocidad angular tienen la misma velocidad: Tomemos los mismos puntos anteriores A y B:

$$V_B = V_A + W \times AB = V_A + W \times K W = V_A \tag{4}$$

ya que **AB** va de un punto a otro y es paralelo a la velocidad angular, también verificarán que las proyecciones de sus velocidades, sobre la recta que los contiene, serán iguales (se deja al lector la justificación de esta propiedad).

Es muy sencillo demostrar, a su vez, que las proyecciones de ambas velocidades sobre la velocidad angular TAMBIÉN SON IGUALES.

Estas son las llamadas SEGUNDO Y TERCER INVARIANTES CI-NEMÁTICOS.

¿Y qué ocurre con la velocidad angular? ¿Dependerá del punto del sólido considerado? Vamos a demostrar que no.

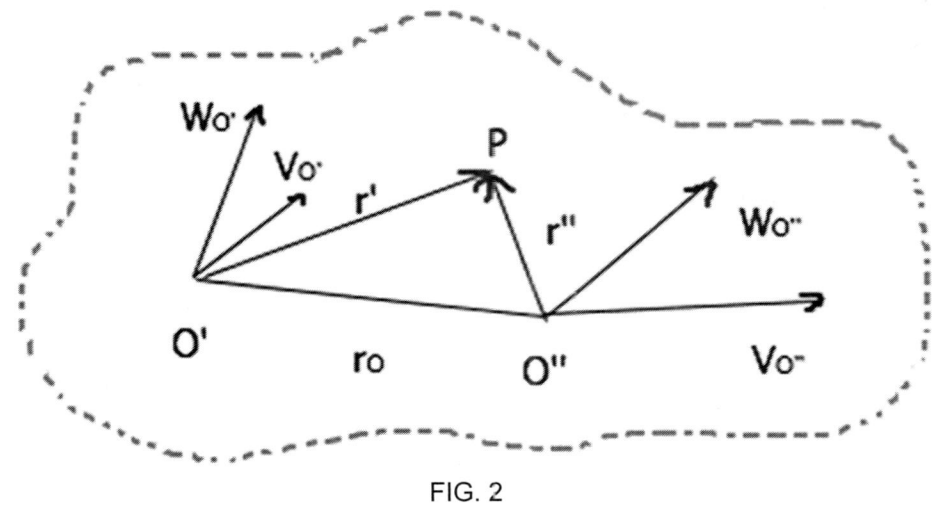

FIG. 2

Supongamos el sólido en movimiento, y en el dos puntos O´y O´´ (FIG. 2). Si cada uno de los puntos se caracteriza por los llamados grupos cinemáticos (su velocidad y velocidad angular), podremos poner:

$$V_P = V_O + W_O \times O´P \qquad (5)$$

$$V_P = V_{O´} + W \times O´´P \qquad (6)$$

Ya que la velocidad de ese punto genérico P deberá de ser única. Si relacionamos las velocidades de 0´´y O´, tenemos al sustituir:

$$V_{O´} + W_O \times O´P = V_{O´} + W_C \times O´O´´ + W_{O´´} \times O´´P \qquad (7)$$

Como además:

$$O´O´´ = O´P - O´´P \qquad (8)$$

Operando con estas expresiones llegamos a que:

$$0 = (W_{O''} - W_{O'}) \times O''P \tag{9}$$

Es decir, que ambas velocidades angulares serán iguales. O sea, que «TOMARÁ UN VALOR ÚNICO EN CUALQUIER PUNTO DEL SÓLIDO EN UN INSTANTE DADO» .Este es el llamado PRIMER IN-VARIANTE CINEMÁTICO.

Es fácil ver de nuevo que $V_p \times W$ es un invariante, basta con multiplicar la expresión que relaciona la velocidad de O'' con la de O', por **W** (que ahora sabemos que es única).

Es decir, que podremos poner a partir de ahora:

$$V_A . W = V_B . W = cte = \lambda = V_A . \cos [V_A / W] \tag{10}$$

Cuando el coseno tenga el valor máximo (+1 o -1), entonces la velocidad tendrá su valor mínimo y esto ocurrirá cuando son colineales su velocidad y la velocidad angular. Esa velocidad se llama de deslizamiento:

$$V_D = W. V_A / W \tag{11}$$

Como ha de ser:

$$V_D = V. U_d = V . W / W \tag{12}$$

Tenemos:

$$V_D = [V_A . W / W^2] . W \tag{13}$$

CENTRO INSTANTÁNEO DE ROTACIÓN (C.I.R)

El lugar geométrico de los puntos de un sólido cuya velocidad, en un instante dado, es igual a la deslizamiento es una recta llamada EJE INSTANTÁNEO DE ROTACIÓN Y DESLIZAMIENTO **(E.I.R.D).**

Si la velocidad de un punto cualesquiera del sólido (A) la relacionamos con la del CIR (I), podemos poner:

$$V_A = V_D + W \times IA \qquad (14)$$

Multiplicando vectorialmente por **W**, y usando las propiedades del producto vectorial tenemos:

$$W \times V_A = W \times V_D + W \times (W \times IA) = (W \cdot IA) \cdot W - W^2 \cdot IA \qquad (15)$$

Ya que el producto (vectorial) de la velocidad angular por la de deslizamiento es nulo (son colineales). Por tanto despejando, tenemos:

$$AI = W \times V_A / W^2 + (W \cdot IA) \cdot W = W \times V_A / W^2 + \delta \cdot W \qquad (16)$$

En general, como el producto **(W . V$_A$)** puede tomar cualquier valor (al ser **IA** un vector con cualquier dirección y sentido), es común expresarlo como un parámetro (δ).

Para obtener la ecuación analítica del eje instantáneo basta con recordar que, por definición, en la velocidad de rotación y el vector velocidad son colineales, estará formado por todos los puntos con velocidad mínima de deslizamiento. Tomamos dos referenciales, uno fijo y otro móvil (FIG. 3).

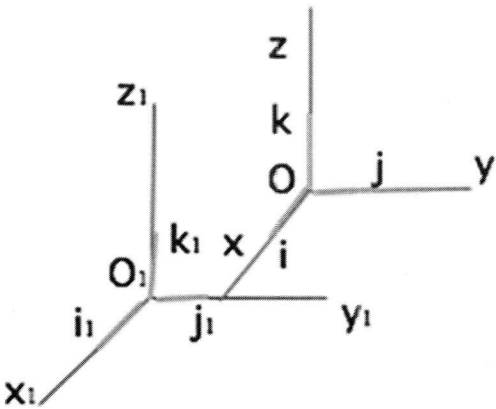

FIG. 3

En las referencias fija y móvil, así como para la velocidad de rotación, podremos poner, para un punto genérico P:

$$V_P = V_1 = (V_{X1} , V_{X2} , V_{X3})$$

$$V_{O1} = (V_{OX1} , V_{OX2} , V_{OX3}) \qquad (17\ a,b,c\ )$$

$$W_1 = (W_{X1}, W_{X2} , W_{X3})$$

ya que la velocidad de rotación y la velocidad espacial, son colineales, el Eje Instantáneo estará formado por los puntos de velocidad de deslizamiento MÍNIMA.

Relacionamos la velocidad del punto con la de O, quedándonos:

$$V_P = V_O + W \times OP \qquad (18)$$

Esto es:

$$[V_{X1}, V_{X2} , V_{X3}] = [V_{OX1}, V_{OX2,} V_{OX3}]$$

$$+ \begin{bmatrix} \mathbf{i_1} & \mathbf{j_1} & \mathbf{k_1} \\ W_{x1} & W_{X2} & W_{x3} \\ x_1 - x_o & y_1 - y_o & z_1 - z_o \end{bmatrix}$$

Como la velocidad y la velocidad angular deben de ser colineales, operando podemos poner:

$$V_{x1} / W_{x1} = V_{y1} / W_{y1} = V_{z1} / W_{z1} \qquad (20)$$

Con lo que se obtiene la ecuación en la referencia fija.

Para la obtención en el sistema móvil, la V_p y V_o serán cero (ya que lo son las coordenadas de P y de O), pero lo que buscamos es expresar las velocidades de esos puntos con respecto a la fija, A PARTIR DE LAS CORRESPONDIENTES DEL SISTEMA MÓVIL. Tomamos las componentes de **W** en este sistema, también las de V_o y las de la velocidad (ambas en este sistema estarán relacionadas con los del sistema fijo, mediante las matrices de transformación). Con esto podemos poner:

$$V = \{T\} \, V_1$$

$$V_o = \{T\} \cdot V_{O1}$$

21(a, b, c, d)

$$V = (V_x \, , V_y \, , V_z)$$

$$W = (W_x \, , W_y, W_z)$$

Si de nuevo expresamos proporcionalidad entre las componentes de **V** y de **W**, llegamos a la ecuación del EIRD en el sistema móvil.

De forma analítica, también podemos poner:

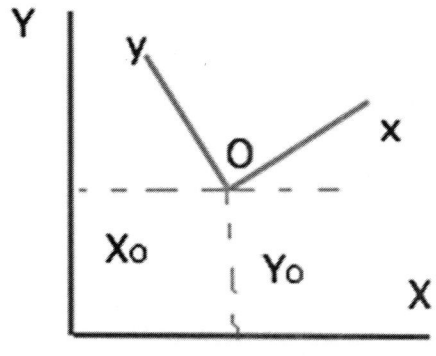

FIG. 4

$$OI = W \times V_O \, / \, W^2$$

O sea:

$$(X_I - X_O , \ Y_I - Y_O) = (1/ \, d\theta/dt) \ . \ \begin{vmatrix} \mathbf{i} & \mathbf{j} & \mathbf{k} \\ 0 & 0 & d\theta/dt \\ dx_o/dt & dy_o/dt & dz_o/dt \end{vmatrix}$$

Igualando llegamos a las ecuaciones:

$$X_1 - X_0 = - \, dy_0 \, /dt$$
$$Y_1 - Y_0 = dx_0 \, /dt$$

(22 a, b)

Las ecuaciones analíticas anteriores se denominan de la POLAR FIJA (BASE). Análogamente se obtendrán las correspondientes a la llamada POLAR MÓVIL (RULETA). Vamos a dar unas indicaciones sencillas. En este caso tendremos en cuenta que el vector **OI** será:

$$OI = x \ \mathbf{i}' + y \ \mathbf{j}'$$

(23)

Cumpliéndose**:**

$$\mathbf{I} = [\cos\theta , - \sin\theta]$$

$$\mathbf{j} = [\sin\theta , \cos\theta]$$

En la base móvil (**i'**, **j'**). Hay que tener en cuenta que el vector **k** coincide con **k'**. Operando llegamos a:

$$X = (dx_0/dt) . \sin\theta - (dy_0/d \, t) \cos\theta$$
$$Y = (dx_0/dt) \cos\theta + (dy_0/d \, t) \sin\theta$$

(24 a, b)

Siendo θ el ángulo que (instantáneamente) forma x (móvil) con el eje fijo X. Y {T} la matriz de transformación de coordenadas, esto es:

$$\{T\} = \begin{vmatrix} \cos \theta & -\sin \theta \\ \\ \sin \theta & \cos \theta \end{vmatrix}$$

En general Base y Ruleta coinciden en el CIR .O de forma más general, como el eje sobre el que este se encuentra, va cambiando con el tiempo, generará una superficie, que llamaremos AXOIDE. Hemos distinguido dos referencias, para seguir la evolución del CIR, por tanto, parecerá lógico suponer que desde ambas las superficies serán también diferentes (AXOIDES FIJO Y MÓVIL), pero lógicamente (AL SER EL EJE DE ROTACIÓN ÚNICO) habrán de coincidir en ese instante (FIG. 5)

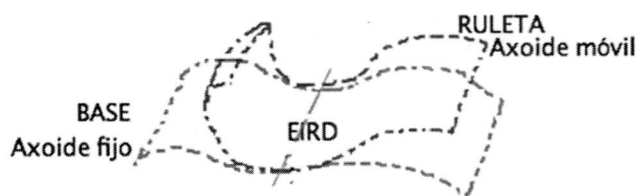

Eje instantáneo de Rotación–Deslizamiento

FIG. 5

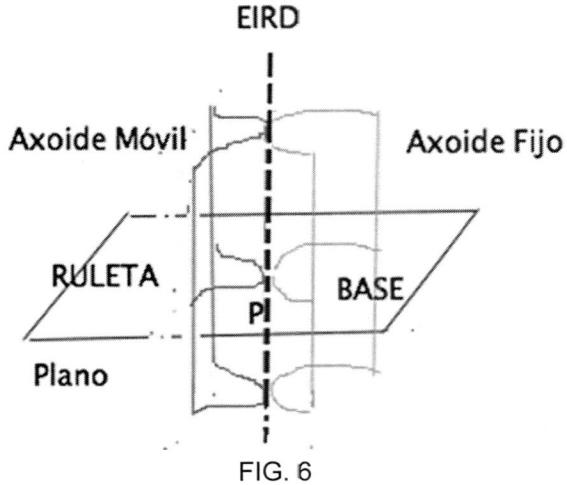

FIG. 6

Es decir, consideramos que en cada instante el Axoide móvil rueda sobre el fijo, en esa recta común (EIRD) con la velocidad **W,** deslizando EN LA DIRECCIÓN DEL EJE, con la velocidad de mínimo deslizamiento.

Así parece que el Axoide móvil arrastra al sólido ¡¡reproduciendo su movimiento real!!

Como las velocidades de todos los puntos del sistema móvil son perpendiculares a las rectas que unen a dichos puntos con el CIR, las tangentes de las trayectorias descritas tendrán que ser perpendiculares a dichas rectas, o sea, que los centros de curvatura se encontrarán ¡¡¡sobre la línea que une al CIR con los puntos!!!

El CIR es diferente en cada instante de movimiento y tiene velocidad nula, sin embargo, puede tener aceleración.

VELOCIDAD DE SUCESIÓN DEL CIR
(Velocidad de cambio de polo)

Como vemos en el transcurso del movimiento del sólido, la posición del CIR cambia con el tiempo (se traslada sobre la Base). Pero siempre la Base y Ruleta son tangentes al punto P(I). Al cambiar

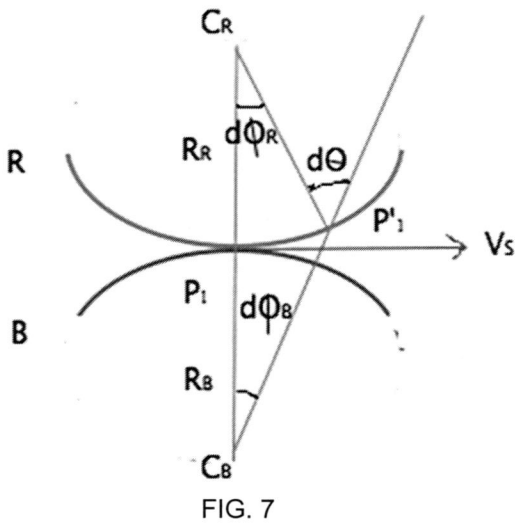

FIG. 7

24

posición, se le asignará una velocidad que llamaremos de sucesión (v_s), que no tiene nada que ver con la velocidad de P como parte del sólido, que es SIEMPRE nula. Vemos, según la figura anterior, que al cabo de un tiempo dt, el CIR P ha cambiado a P_1 y P'_1 (respectivamente sobre Base y Ruleta) girando un ángulo $d\theta$, la segunda sobre la primera. Los centros de curvatura y sus radios están marcados sobre la figura, de forma que la velocidad de cambio de polo (en módulo) será:

$$V_S = \text{Lim}_{\Delta t \to 0} PP_1 / \Delta t \tag{25}$$

Este vector será en todo instante tangente a la base. De la figura sacamos:

$$d\theta = d\phi_B + d\phi_R \tag{26}$$

Ya que en un triángulo, el ángulo exterior es suma de los dos interiores. Además, la Ruleta rueda sobre la Base sin deslizamiento, con lo que los arcos serán comunes y podremos poner:

$$\text{Arc}(PP_1) = \text{Arc}(PP'_1) = R_B \cdot d\phi_B = R_R \, d\phi_R \tag{27}$$

Derivando (26) y teniendo en cuenta (27), tenemos:

$$V_S = w \cdot [\, R_B \cdot R_R / R_B + R_R \,] \tag{28}$$

Sn perder generalidad vamos a obtener una expresión (vectorial) de la velocidad de sucesión. Para ello, acudimos a la base de Frenet (vectores tangencial, normal y binormal) en una curva plana (considerando el vector de Darboux). En esta base, podemos poner:

$t / \tau \to 0$ (tau es el radio de curvatura de torsión, que en el movimiento plano lógicamente es infinito).

$\Omega = t / \tau + b / R = b / R$ (con R el radio de la curvatura).

O sea:

$$W = (ds / dt) \cdot \Omega = (ds / dt) \cdot b / R$$

Siendo **OI** = R . **n** (con **n** el vector unitario normal dirigido hacia el centro de la curvatura). Según esto para Base y Ruleta quedará:

Rotación de la Base: $w = (ds/dt) . b_B / R_B$

Rotación de la Ruleta: $w' = (ds/dt) . b_R / R_R$

Siendo $v' = v_S = ds/dt . \mathbf{t}$ (con **t** vector tangencial del triedro).

Realizando álgebra nos queda:

$$V_S = [w \times n_B] / \{ (n_B . n_R / R_R) - (1/R_B) \} \qquad 28(\text{BIS})$$

Que, en general, se suele expresar:

$$V_s = d [W \times n_R] \qquad (29)$$

En la realidad, se nos presentan tres casos, que están representados en las siguientes figuras:

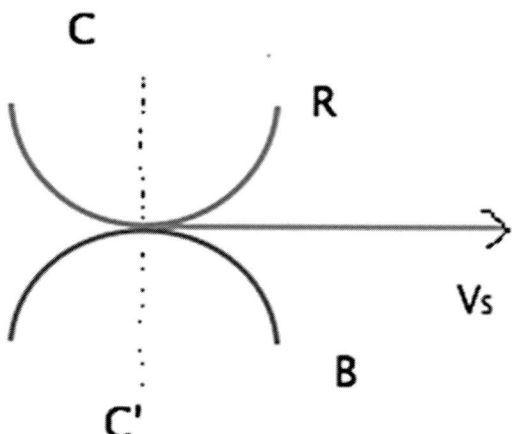

$$W = -Wk$$

FIG. 8

CASO 1. Llamado CONVEXO-CÓNCAVO.

$$n_B . n_R = -1$$

$$V_S = W . [R_B . R_R / R_B + R_R]$$

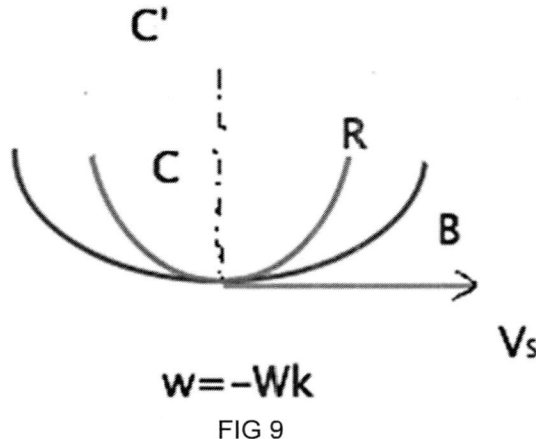

w=-Wk

FIG 9

CASO 2. Llamado CONVEXO-CÓNCAVO (CON $R_B > R_R$)

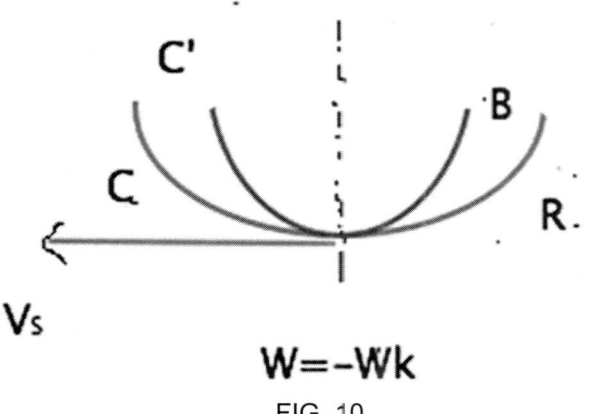

W=-Wk

FIG. 10

CASO 3. Llamado CÓNCAVO-CONVEXO (CON $R_B < R_R$)

En los dos últimos casos: $n_R . n_B = 1$

$$C2. \ V_S = W . R_B . R_R / R_B - R_R$$

C3. Denominador cambiado de orden.

ACELERACIÓN DEL C.I.R

Como la aceleración de cualquier punto A de un sólido se puede calcular a partir de la derivada de su velocidad referida al CIR (con V_I = **0** evidentemente) podemos poner:

$$a_A = d/dt \, [\, W \times IA \,] \qquad (30)$$

Si O es un punto del mismo plano y **OA = OI + IA** podemos poner:

$$a_A = d/dt \, [\, W \times \{OA - OI \}] \qquad (31)$$

Pero al efectuar nos queda:

$$a_A = - W \times V_S + \alpha \times IA + W \times V_A \qquad (32)$$

Pero la aceleración de cualquier punto A del plano se puede relacionar la del CIR a través de la expresión más general:

$$a_A = a_I + W \times V_A + \alpha \times IA \qquad (33)$$

Comparando tenemos la aceleración del CIR:

$$a_I = - W \times V_S \qquad (34)$$

CENTRO INSTANTÁNEO DE ACELERACIONES
Polo de aceleraciones

En coordenadas polares (del plano), y refiriéndonos al CIR, cualquier punto M, tendrá su posición y velocidad, definida por estas (FIG: 11):

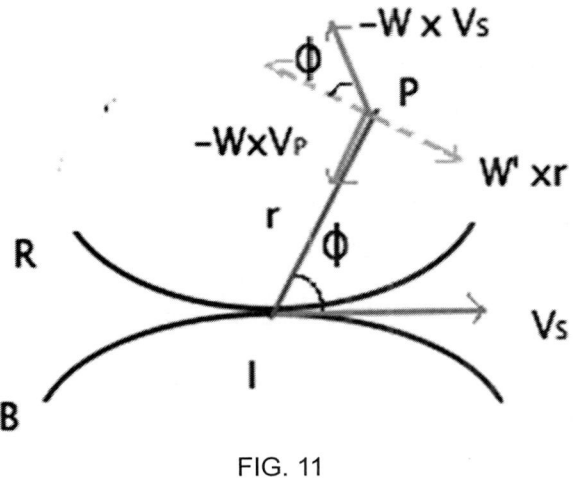

FIG. 11

Para obtener su aceleración, derivaremos la expresión de su velocidad referida al CIR. Esto es:

$$a = d/dt[\, W \times PM\,] = \alpha \times PM - W^2.PM - W \times V_s \qquad (35)$$

Gráficamente tenemos una distribución de los tres términos en torno al punto P, que será:

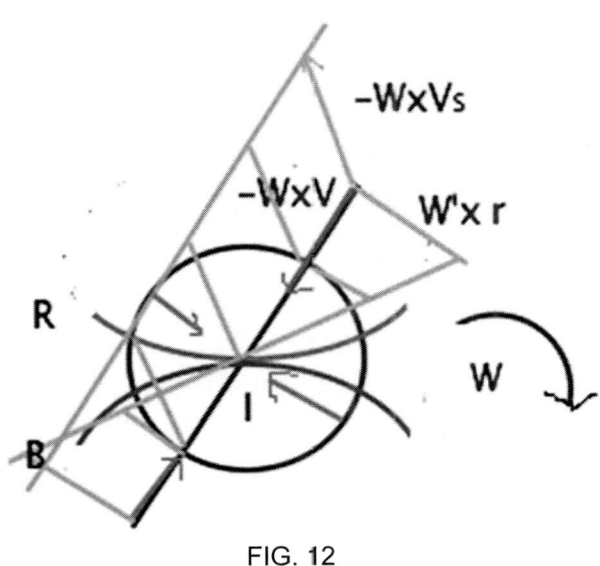

FIG. 12

Si proyectamos las componentes tendremos las componentes tangencial y normal. Esto es:

$$a_T = \alpha \cdot (PM) - W \cdot V_S \cdot \cos \phi$$

$$a_N = - W^2 \cdot (PM) + W \cdot V_S \cdot \text{sen } \phi$$

(36 a,b)

Denominaremos Polo de Aceleraciones (H, en la terminología mas general) a aquel punto P cuyas dos componentes sean cero. O sea, que operando, obtendremos su localización respecto al CIR:

$$\phi = \text{arc tag } \{ W^2 / \alpha \}$$

$$(PM) = (IM) = W.V_S / [W^4 + \alpha^2]^{1/2}$$

(37 a,b)

Vectorialmente (el numerador de 37 b, es la aceleración de I) para un punto cualesquiera A del sólido (conocidas **W**, α y su **aceleración**) se puede calcular AH, por la expresión:

$$AH = W^2 \cdot a_A + \alpha \times a_A / [W^4 + \alpha^2]$$

(38)

(Tomamos la aceleración angular α en la forma ξ, como podemos ver en las FIG).

Más adelante, obtendremos una expresión muy útil (más sencilla) del término anterior, que es la más usada en la práctica.

Si consideramos como polo otro Q cualesquiera, como presentará aceleración nula, la de ese M genérico del sólido será:

$$a_M = a_Q + a_{QM} = a_{QM} = \alpha \times QM - (W)^2.QM$$

(39)

Esta es la aceleración angular, que veremos a lo largo del tema, que a veces la representamos por W ', y a veces por α.

Que nos permite poner (observando la figura siguiente FIG 13):

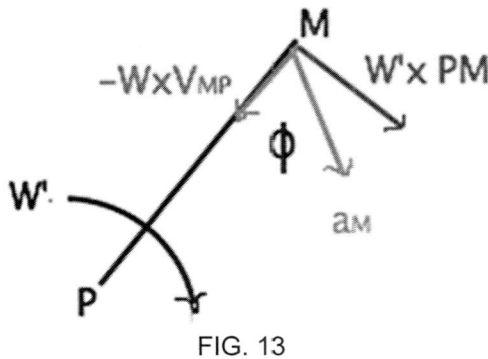

FIG. 13

A. El ángulo que forma el vector QM con la aceleración del punto es:

$$\tan \phi = \alpha / W^2$$

B. El módulo de la aceleración es:

$$a_M = (QM) . [W^4 + \alpha^2]^{1/2}$$

CIRCUNFERENCIAS DE INVERSIONES / INFLEXIONES

Se denomina CIRCUNFERENCIA DE INVERSIONES al lugar geométrico de los puntos del sólido (o del plano de reducción del movimiento) cuya aceleración tangencial es nula. De (35 a, b) podemos poner:

$$0 = \alpha . (PM) - W. V_S . \cos \phi$$

(40)

$$r = PM = (W.V_S / \alpha) . \cos \phi$$

NOTA ACLARATORIA.

Dada una circunferencia $(x - k)^2 + y^2 = k^2$, de origen $(\kappa, 0)$ y de radio k, si cambiamos las variables x e y, por $k.\cos\phi$ y $k.\mathrm{sen}\phi$, al operar queda $\{r = 2k \cos \phi\}$, que sería la circunferencia en polares de la anterior. Análogamente, si la circunferencia es $x^2 + (y - k)^2 = k^2$ llegamos a $\{r = 2k. \mathrm{sen} \phi\}$.

De forma general:

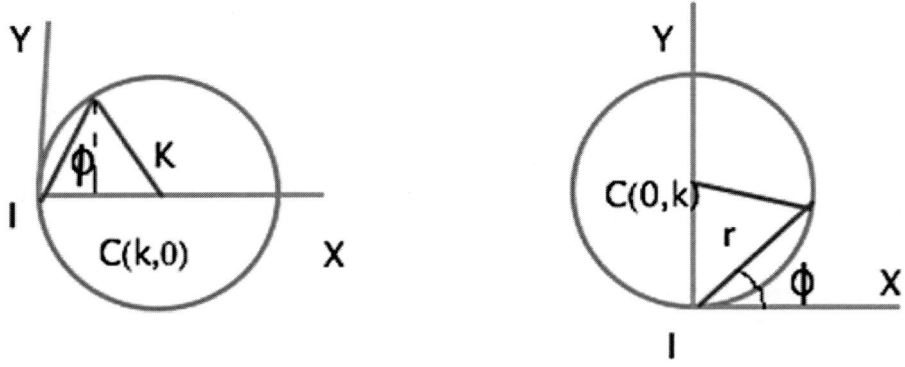

Es decir, que en la expresión (39), la Circunferencia de Inversiones tiene diámetro $W.V_s / \alpha$:

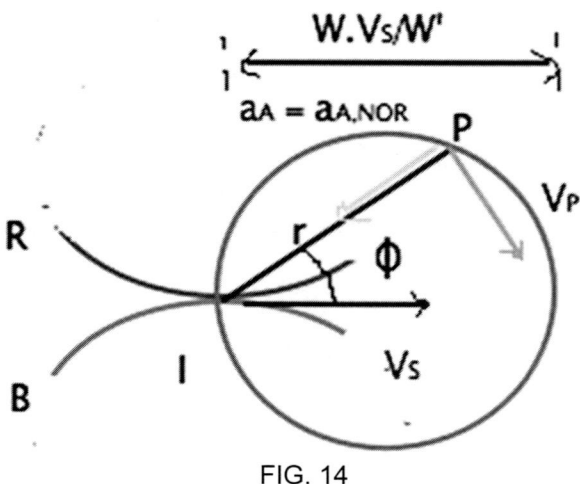

FIG. 14

Y que, además, tiene su centro en la dirección de la tangente común a la Base y a la Ruleta (y que pasa por I, punto de coordenadas 0 y $\pi/2$), para k y ϕ respectivamente.

Análogamente, definiremos el lugar geométrico de los puntos del plano regulador con aceleración normal nula (INFLEXIONES), y que cumplen:

$$k = (V_S / W) \operatorname{sen} \phi \qquad\qquad \text{40 BIS}$$

Gráficamente (FIG. 15):

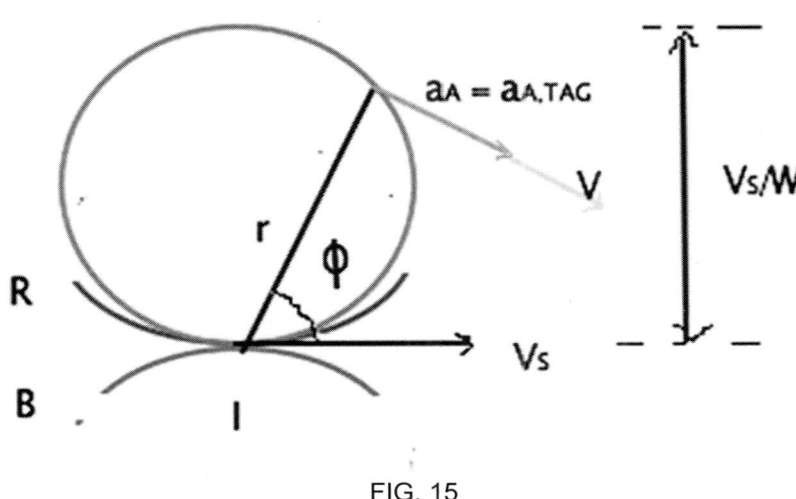

FIG. 15

Ambas tendrán un punto común en el que simultáneamente se anularán las componentes normal y tangencial, o sea, el polo de aceleraciones (H).

Además, como los radios de ambas han de ser positivos, esto implica que tanto en el primer caso el cos ϕ como en el segundo el sen ϕ, en el segundo deberán de ser mayores que cero. Y esto sucederá en el primer caso, si nos encontramos en el primer o el cuarto cuadrante. Mientras que será necesario el primero o el segundo cuadrante, en el segundo caso.

ACELERACIÓN DE UN PUNTO EN FUNCIÓN DEL PUNTO H

La expresión de la aceleración de un punto P cualesquiera del plano reductor del sólido, a partir del CIR es:

$$a_P = \alpha \times IP + W \times (V_P - V_S)$$

De esta expresión vamos a obtener otra más sencilla (que usaremos por su simplicidad en los problemas de Mecanismos planos). Como sabemos que la velocidad del punto H es la de sucesión, operando tenemos:

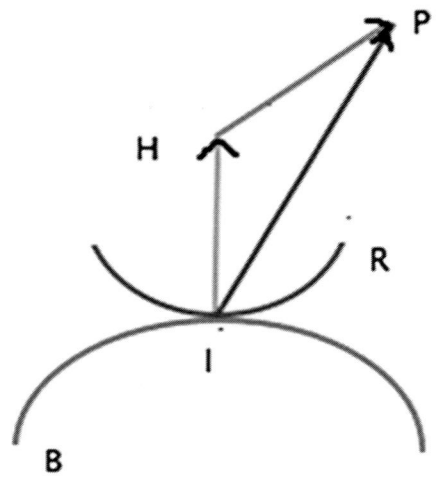

FIG. 16

$$W \times (V_P - V_S) = W \times (W \times IP - W \times IH)$$

$$= W \times (W \times HP)$$

$$= - W^2 . HP$$

Luego:

$$a_P = \alpha \times IP + W^2 . PH$$

$$= a^{Tag}_{PI} + a^{Nor}_{PH}$$

(41 a, b)

Ya que **HP = - PH**

Que podemos poner de forma más sencilla:

$$a_P = a^{Tag}_{PI} + W^2. PH$$

(42)

Lo anterior se puede esquematizar en la FIG. **17,** donde representamos todos los términos de las ecuaciones anteriores.

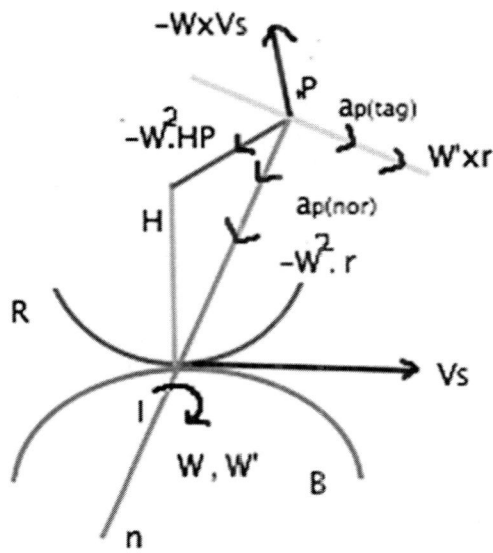

W, velocidad angular
W', aceleración angular

FIG. 17

CINEMÁTICA DEL MOVIMIENTO RELATIVO
NOTACIÓN DE ÍNDICES. DEFINICIONES

La llamada notación de índices (i j) es muy útil en la descripción del movimiento relativo y conduce en muchas ocasiones a la resolución de problemas en cinemática de forma más sencilla, ya que introduce los conceptos de RELATIVO o ARRASTRE, de forma más intuitiva.

En esta notación, tomaremos un sistema 1, **DE DIRECCIONES NO VARIABLES** (FIJAS), un segundo sistema MÓVIL (SÓLIDO 0) y un tercer sistema sólido 2. Así, un punto P perteneciente al sólido 2, referido (visto desde--) al sistema 1, lo representamos por $[r_{21}{}^{P}]$, **EN EL TRIEDRO DE DIRECCIONES FIJAS 1.** Ese mismo punto referido al móvil (2), lo representaremos por: $[\, r^{P}{}_{20}]$

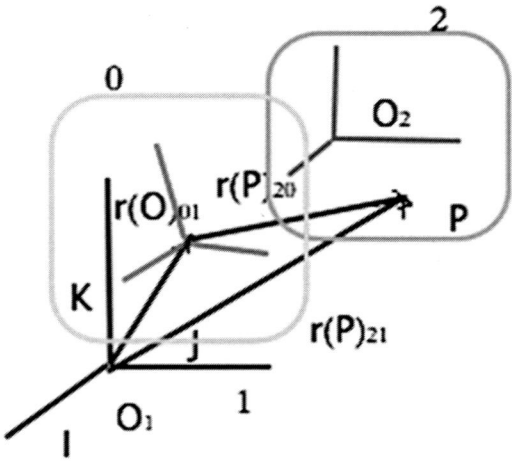

FIG 18

Las derivadas sucesivas de los términos anteriores conducirán a las expresiones de las velocidades (y aceleraciones) ABSOLUTA en el primer caso y RELATIVA en el segundo:

$$V^P_{21} = d\ r^P_{21}\ /\ dt, V^P_{20} = d\ r^P_{20}\ /dt, etc., etc.$$

En el caso de que dicho punto esté ligado al sistema móvil su r^P_{20} tendrá módulo constante, pero P está asociado al sistema O, y este evoluciona respecto al fijo 1. Su vector de posición [r^P_{01}], se denominará de ARRASTRE (término que extenderemos a su velocidad y aceleración).

Composición de velocidades

De la figura anterior se deduce:

$$r^P_{21} = r^P_{20} + r^0_{01} \tag{43}$$

Si derivamos (43) teniendo en cuenta las expresiones de Poisson:

$$d/\ dt\quad [\ ]_1 = d\ /\ dt\ [\ ]_0 + W_{01} \times [\quad] \tag{44}$$

Nos queda:

$$V^P_{21} = V^P_{20}\ \}_{RESPECTO\ 1} + V^0_{01} \tag{45}$$

Que relacionan las derivadas de cualquier expresión consideradas desde sistemas FIJO (1) y MÓVIL (0). Tenemos entonces:

$$d \; r^P_{20}/ dt \;]_1 \; = \; dr^P_{20} / dt \;]_0 + W_{01} \times r^P_{20}$$

$$V^P_{20} \}_{\text{RESPECTO 1}} = V^P_{20} + W_{01} \times r^P_{20}$$

El primer término del segundo miembro es la VELOCIDAD RELATIVA. Sustituyendo en (45), nos queda:

$$V^P_{21} = V^P_{20} + V^0_{01} + W_{01} \times r^P_{20}$$

$$= V^P_{20} + V^P_{01}$$

(46 a, b)

Los dos últimos términos nos indican la velocidad de P, suponiéndolo ligado a O, «AL MOVERSE ESTE RESPECTO A 1». Es la llamada VELOCIDAD DE ARRASTRE, V^P_{01}.

En general:

$$V^P_{ij} = V^P_{ik} + V^P_{kj} \tag{47}$$

Partiendo de **(46 a)** y derivando llegamos a la expresión general de la aceleración:

$$a^P_{21} = a^P_{20} + a^P_{01} + 2\, W_{01} \times V^P_{20} \tag{48}$$

Vemos que en realidad la aceleración absoluta, **NO** es igual a la relativa más la de arrastre. Es necesario en el cálculo introducir un tercer término denominado de CORIOLIS.

En general:

$$a^P_{ij} = a^P_{ik} + a^P_{kj} + 2\, W_{kj} \times V_{jk} \tag{49}$$

Composición de velocidades angulares

Aplicando (44 b) al punto P, teniendo en cuenta la expresión que relaciona la velocidad de un punto (P), con la de O (visto desde 2 con respecto a 1, desde1 con respecto a 0, y desde 0 con respecto a 1"), llegamos a la expresión de composición de velocidades angulares:

$$W_{21} = W_{20} + W_{01} \tag{50}$$

O en su forma más general:

$$W_{ij} = W_{ik} + W_{kj} \tag{51}$$

Composición de aceleraciones angulares

Si derivamos (50), tenemos (recordemos de nuevo las expresiones de Poisson):

$$\alpha_{21} = \alpha_{20} + \alpha_{01} + W_{01} \times W_{20} \tag{52}$$

Expresión que en el movimiento plano tiene el tercer término después de la igualdad nulo, ya que las rotaciones deberán de ser paralelas (y, por tanto, el producto vectorial nulo).

Es interesante recordar alguna de las expresiones obtenidas para el caso de contacto entre superficies. Concretamente, la aceleración en el punto de contacto entre el sólido que desliza, si es esférico, sobre una superficie también esférica o un plano. En el punto de contacto, si existe la rodadura SIN deslizamiento, la velocidad RELATIVA será cero (o los componentes tangenciales de la velocidad de ambos sólidos en contacto, iguales). Pero (CIR) si esto es así, podremos acudir a las expresiones generales ya obtenidas para dos sólidos cualesquiera (BASE Y RULETA) cuando calculábamos la aceleración de I (aunque todo esto también es válido para superficies en contacto de doble convexidad o cóncavo-convexo) a través de la velocidad de sucesión. Si llamamos a las superficies en contacto «sólido 3» y «sólido 2», PARA LA ACELERACIÓN TANGENCIAL DEL PUNTO DE CONTACTO, nos queda:

$$V^{T}_{31} - V^{T}_{21} = 0 \quad (V^{T}_{32} = 0)$$

$$V_S = W_{32} \cdot [R_3 \cdot R_2 / R_3 + R_2]$$

$$a^T_{32} = W^2_{32} [R_3 . R_2 / R_3 + R_2] . n$$

con

$$W_{32} = W_{31} - W_{21}$$

y **n** va desde el punto de contacto hacia el centro de 3 (fijémonos en que rueda «3» sobre «2», es como si fuera 2 el origen de movimiento de 3).

La expresión es la conocida «centrípeta», cuando el sólido 2, es un plano (R_2 -> oo). Eliminando la singularidad (para el punto de contacto P) nos queda:

$$a^P_{32} = W^2_{32} . [R_3 / (R_2 / R_2 + 1)] .n$$

[52 BIS]

$$= W^2_{32}. R_3 . n$$

TEOREMA DE KENNEDY (O DE LOS TRES CENTROS). TEOREMA DE LA RELACIÓN DE VELOCIDADES ANGULARES

El concepto CIR en mecanismos planos es muy útil. De hecho, numerosos problemas cinemáticos se resuelven de forma sencilla si identificamos los CIRS en los esquemas usados para la resolución de problemas. En la realidad distinguiremos CIRS, ABSOLUTOS Y RELATIVOS, y estos son enormemente importantes en los diseños de los mecanismos, ya que de él dependerán las condiciones dinámicas a las que serán sometidas las barras y, por tanto, su funcionamiento. Vamos a dar algunas nociones acerca de la localización (gráfica) de estos, y enunciaremos algunos teoremas que nos ayudarán posteriormente a determinar parámetros como los centros de curvatura, o simplemente resolver como un complemento de los métodos analíticos de la cinemática los problemas planteados.

Definimos CIR ABSOLUTO, aquel que está referido a la referencia de estudio (en Ingeniería Mecánica, la BANCADA). Ni tiene velocidad respecto a esta, ni relativa a otros términos de esta.

En cambio, los CIR RELATIVOS (que se relacionan con el resto de miembros o ESLABONES) sí tienen velocidad absoluta, pero la relativa es nula.

Hay varios casos en los que identificar los CIR es sencillo:

a. Mecanismo (sólido) que se traslada. Su CIR estará en el infinito, rotará en torno a un centro que está sobre una recta (radio ->oo).

b. Un punto sin velocidad será un CIR.

c. Si se conocen las direcciones de las velocidades de dos puntos. En caso de no ser paralelas, el CIR estará en el corte de las perpendiculares a las velocidades. Recordar la expresión de la velocidad de un punto referida al CIR:

$$V_P = V_I + W \times IP = W \times IP$$

Esto es, V será perpendicular (propiedades del producto vectorial) a W y a IP. Para cualquier punto P del sólido, bastará con trazar la recta de longitud IP (perpendicular a V) y buscar su corte con la trazada desde otro punto.

En caso de ser paralelas, estarán alineadas con el CIR.

d. Si se desconocen datos acudimos al llamado Teorema de los tres centros o de KENNEDY.

«Los centros instantáneos relativos a tres piezas de un mecanismo, estén situadas de forma consecutiva o no, ESTARAN SIEMPRE ALINEADOS».

Veamos una justificación sencilla del teorema. Vamos a suponer (FIG. 19) que el eslabón 1 es estacionario y que 2 y 3 pivotan sobre el fijo (en la notación los CIRS se escriben de 2 formas I_{ij} o P_{ij}) Vemos que hemos localizado los P_{12} y P_{13}.

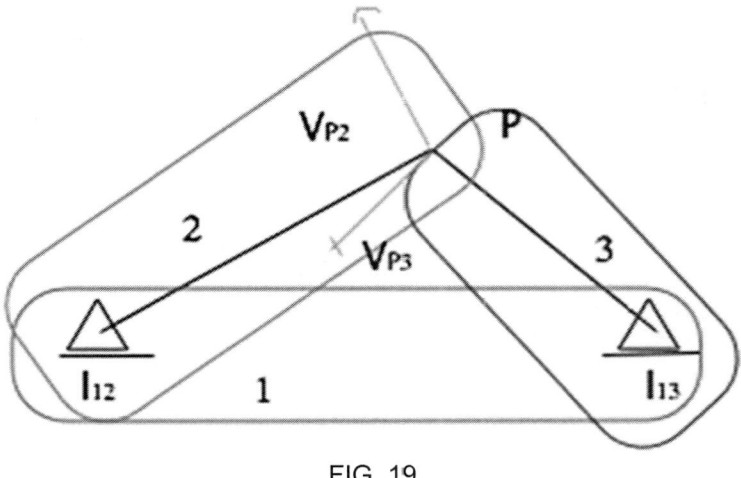

FIG. 19

Si suponemos que P es el CIR P_{23}, las velocidades V_{P3} y V_{P2} (que deberían de ser iguales, ya que se refieren a un ÚNICO punto) necesariamente habrán de ser coincidentes en un punto, DE LA RECTA QUE UNE LOS POLOS.

Además, las velocidades relativas (y las rotaciones) de un punto A respecto a los sistemas (o CIRS de la figura anterior (I_{12} ;(o P_{12}), I_{13} (o P_{13}), I_{23} (o P_{23})), serán:

$$V_{12} = V_{13} + V_{32} \qquad W_{12} = W_{13} + W_{32}$$

$$V_{12} = W_{12} \times I_{12}A \, , \, V_{13} = W_{13} \times I_{13}A \, , \, V_{23} = W_{23} \times I_{23}A$$

Y, operando, obtenemos:

$$W_{12} \times I_{12}I_{13} = W_{13} \times I_{32}I_{12} \qquad (53)$$

Denominado «de la relación de las velocidades angulares». En él comprobamos que la geometría hace que los tres CIR DEBEN de estar alineados.

Método de obtención de los CIR

Por la importancia (y simplicidad que tiene) es común resolver problemas de Cinemática de los Sólidos, a partir de los CIR. Y la forma más sencilla es la gráfica. Como hablamos de CIRS relativos para obtenerlos, simplemente los cogemos por parejas. Es decir, combinamos de dos en dos todos los eslabones, hasta un total de n. (n – 1) /2. Por simple inspección visual, combinando con la aplicación del Teorema de los tres centros, saldrán de forma sencilla.

EJEMPLO. Obtener todos los CIR (Absolutos y Relativos) del mecanismo mostrado en la figura (Mecanismo de biela-manivela con una rueda y cremallera).

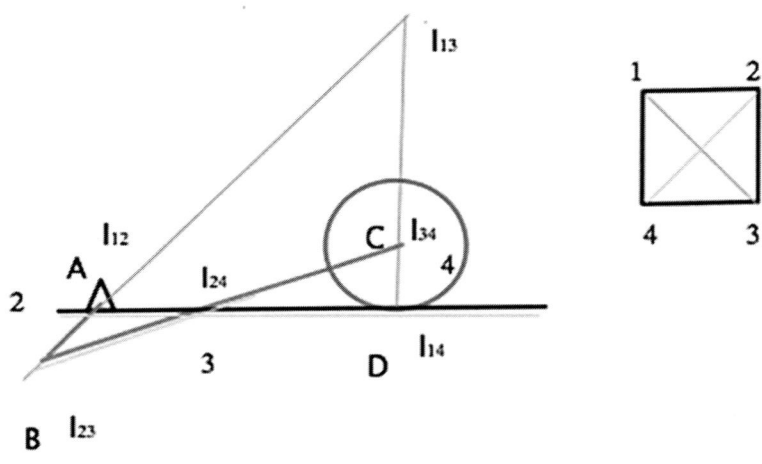

FIG. 20

Primero dibujamos un polígono (a la derecha), que contenga tantos vértices como piezas (eslabones). Vemos que se distinguen 4 (tomamos la Bancada fija como 1). Localizamos los CIR Absolutos. Veamos A, B, C y D (un punto fijo, un contacto entre dos eslabones, de nuevo otro contacto entre eslabones y de nuevo un CIR por rodadura pura SIN deslizamiento). Y procedemos para hallar el P_{13}, trazamos las recta que unen el P_{12} y el P_{23}, y la cortamos con la que pasa por P_{14} y P_{43}. De la misma forma obtenemos P_{24}. Vemos que tenemos en total n.(n – 1)/2= 4 . 3/2 = 6

Cirs.

Ejemplo 2. ídem de ídem. DATO: El disco rueda y no desliza.

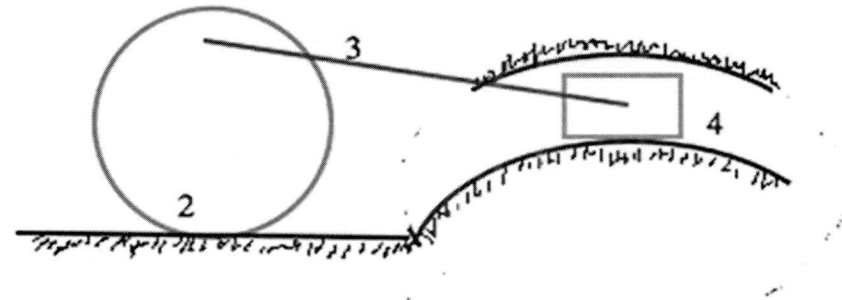

FIG. 21

Por inspección tenemos los CIR P_{12}, P_{23}, P_{34} y P_{14}. Estos coinciden con el punto de contacto del disco con la superficie, ya que hay rodadura sin deslizamiento, el segundo en el punto de contacto entre los eslabones 2 y 3, análogamente entre los eslabones 3 y 4. El último corresponde al contacto con la curva que describe el eslabón 4. El trazado de las rectas auxiliares para obtener los dos CIR relativos restantes, lo dejamos al lector.

PERFILES CONJUGADOS. EULER – SAVARY. MÉTODO DE HARTMAN.

Cuando dos curvas permanecen tangentes siempre entre sí se dicen que son CONJUGADAS. Este es el caso de la Base y la Ruleta en los movimientos planos, de forma que, según los teoremas generales de los movimientos planos de los de los sólidos, esas curvas (PERFILES) se moverían sumando a una rodadura (W) un deslizamiento (la del punto sobre el que se apoya el móvil en el fijo). Esta debe de ser paralela a la tangente común de ambos, y referida a I se calcularía por **W x IP**, con lo que IP sería perpendicular a esa tangente común (o a ambos), es decir, ese punto (¡nuestro CIR!) **SE ENCUENTRA EN LA PERPENDICULAR A LAS PAREJAS DE PERFILES CONJUGADOS.** De ahí la importancia de tener alguna expresión que relacione estos perfiles (BASE y RULETA) con nuestro CIR o con los Centros de Curvatura de ambos. Esto se realiza a través de la fórmula de EULER.SAVARY [1].

---

1. *MECÁNICA PARA INGENIEROS*. JOSÉ DÍAZ DE LA CRUZ CANO. ED. DEXTRA. 2016.

Si como vemos en la figura 0 y 0' son los centros de curvatura de la BASE y de la RULETA, e l nuestro CIR, ESTE DEBERÁ DE ESTAR ALINEADO EN LA NORMAL COMÚN A AMBAS.

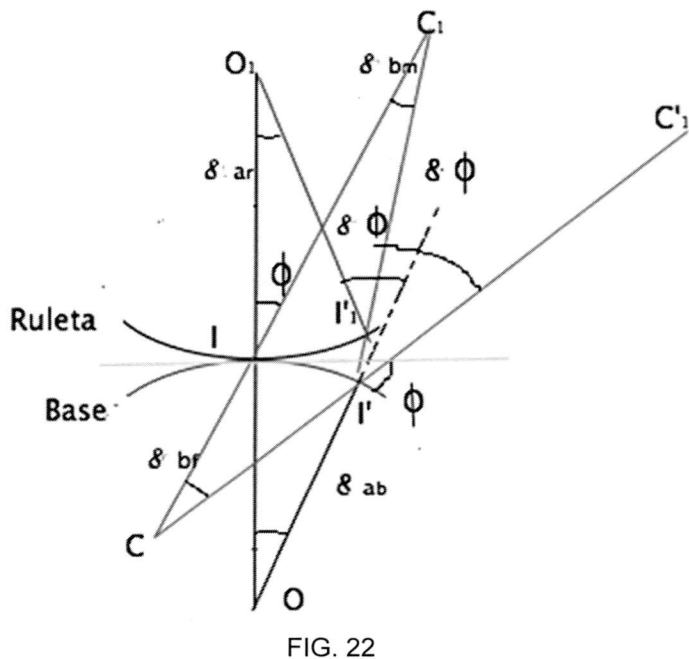

FIG. 22

De los triángulos de la figura podemos poner:

$$\Delta\theta = \Delta\alpha_B + \Delta\alpha_R = \Delta s / R_B + \Delta s / R_R$$

$$\Delta\theta = \Delta\beta_1 + \Delta\beta_2 = \Delta s \cdot \cos\phi / IC + \Delta s \cdot \cos\phi / IC_1$$

Al igualar, obtenemos la fórmula de Euler-Savary, que nos permite obtener, a partir de los radios de la Base y de la Ruleta, los radios de curvatura.

$$1/R_B + 1/R_R = \cos\phi \, [\, 1 / IC + 1 / IC_1 \,] \qquad (54)$$

De forma gráfica, podremos calcular el Centro de curvatura, trazando la intersección entre: a) la línea que una los extremos del vector velocidad de un punto (conocida) y la velocidad de sucesión con b) la normal a la trayectoria de dicho punto. Este es el llamado Método de

44

HARTMAN.[2] En ocasiones, se habla de forma indistinta de la expresión de Euler como de la composición gráfica de Hartman (incluso de variantes como los métodos de Bobilier). Ver anexo I de la teoría.

La expresión gráfica de la ecuación de Euler.Savary se puede entender con la siguiente figura:

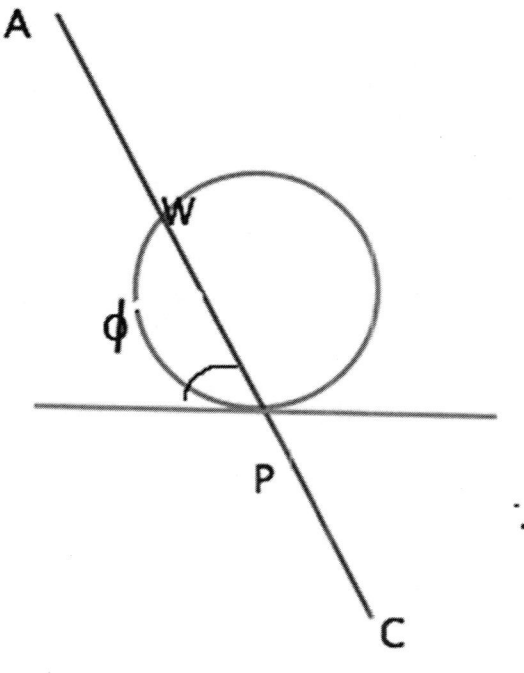

FIG. 23

Aplicando a A y a W la expresión anterior, siendo P nuestro I y el radio de la Base -> infinito (Recta) nos queda:

$$1 / PA + 1 / CP = 1 / PW$$

Pero:

$$CP = CA - PA$$

$$PW = PA - WA$$

2. *CINEMÁTICA*. L. ORTIZ BERROCAL. MADRID. 1972.

Así operando tenemos:

$$PA^2 = CA . WA \qquad (55)$$

Que nos dice que como el término de la izquierda es siempre positivo, los dos términos de la derecha deben de tener el mismo signo, DEBERÁN DE ESTAR AL MISMO LADO DE A.O LOS DOS A LA IZQUIERDA (SIGNO -) O LOS DOS A LA DERECHA (SIGNO +).[3]

CINEMA DE VELOCIDADES

En la solución del problema cinemático del sólido rígido es común hacer uso de métodos gráficos. El más usado es el de la obtención de los CINEMAS, tanto para la velocidad como para la aceleración. Así, en un sólido animado de movimiento plano, con CIR conocido, supongamos conocidas las velocidades de 3 cualesquiera de sus puntos A, B y C.

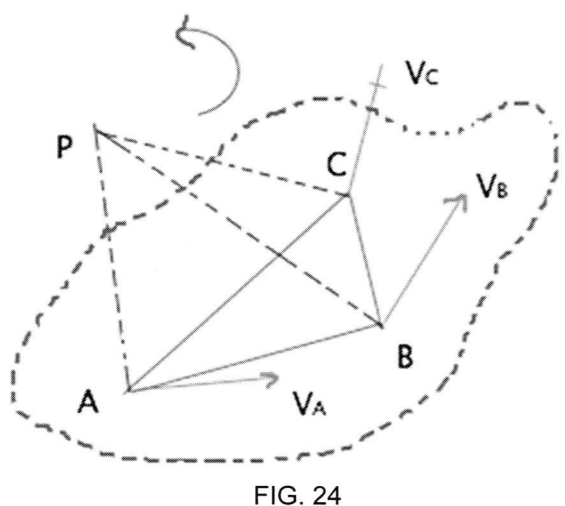

FIG. 24

3. *CURVATURE THEORY IN PLANE MECHANISMS*. J. B WALTERS GRONINGEN. NETHERLANDS. 1963.
BRESSE. «MEMOIRE SUR UN THEOREME NOUVEAU CONCERNANT LES MOUVEMENTS PLANS .DETERMINATION CINEMATIQUE DE RAYONS DE COURBURE». J. ECOLE POLYTCH. 1853.

Desde un punto cualesquiera del plano (o), podemos trazar vectores proporcionales, a las tres velocidades. Si unimos los extremos de los vectores, tenemos el llamado CINEMA DE VELOCIDADES, en el cual a cada punto A del sistema de velocidades móvil, le corresponde otro a, siempre que $V_A = OA$.

Resulta una semejanza de triángulos (o de cuadriláteros, en caso de más velocidades, ya que los cuadriláteros se pueden descomponer en triángulos), ya que:

$$V_A = W. PA, \quad V_B = W . PB, \text{ etc., etc.}$$

Al despejar W tenemos:

$$W = OA / PA = OB/ PB = \ldots\ldots\ldots$$

O sea, podemos dibujar una figura triangular de lados **proporcionales a las velocidades**

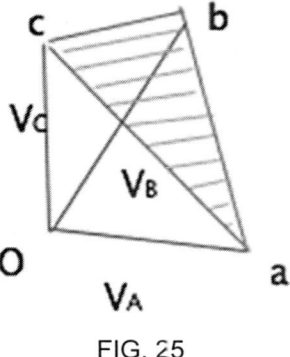

FIG. 25

Esta aparecerá girada 90° respecto a la figura móvil real. Y nos permitirá calcular p. ej. las velocidades relativas.

Bastará con usar cálculo vectorial. Así:

$$V_{BC} = V_B - V_C = Ob - Oc = cb$$

Análogamente para las aceleraciones, llegaremos al CINEMA DE ACELERACIONES. De nuevo, obtendremos relaciones de proporcionalidad y semejanza entre los puntos del sistema móvil y el de los puntos del cinema, recordando de las expresiones obtenidas a la largo de este desarrollo teórico, que la relación entre las aceleraciones y los «lados» (proyecciones) del cinema tendrán que cumplir:

$$a_A = HA. [\, \alpha^2 + W^4\,]^{1/2} = 0'a', \text{ etc., etc.}$$

Siendo H el polo de aceleraciones. Todo lo dicho para el cinema de velocidades es válido para el de aceleraciones. Esto es, la aceleración relativa, se podrá calcular mediante álgebra vectorial.

$$a_{AC} = a_A - a_C = 0'a' - 0'c' = c'a'$$

Así resulta una construcción gráfica (con componentes tangencial y normal) para la aceleración de un punto B en función de la de otro A.

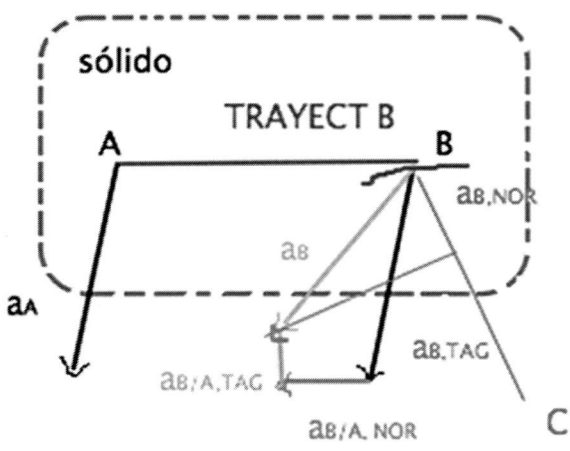

FIG. 26

No obstante, hay una forma gráfica sencilla para tener la aceleración de un punto en función del centro de curvatura y su velocidad. Para ello, solo tenemos que aplicar las expresiones del álgebra y el Teorema del cateto a la figura siguiente.

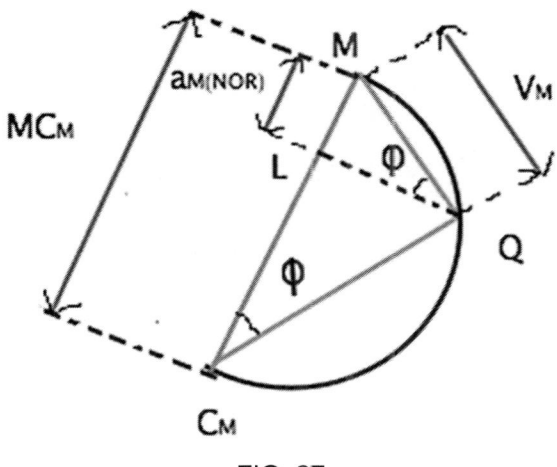

FIG. 27

En los triángulos MLQ y MQC$_M$, podemos poner:

$$MQ = MC_M \cdot \operatorname{sen} \theta = \rho \cdot \operatorname{sen} \theta = V_M$$

$$ML = a^{\text{Normal}}_M = MQ \cdot \operatorname{sen} \theta$$

$$\operatorname{sen} \theta = V_M / \rho = ML / V_M \rightarrow ML = V^2_M / \rho$$

Es decir, que el segmento ML es ¡¡la aceleración normal!! Luego cogemos V$_M$ (MQ) y lo giramos hasta que corte a la circunferencia de diámetro, el radio de curvatura. Proyectamos el corte en la dirección del radio y tenemos la aceleración normal[4]

MOVIMIENTO RELATIVO

A pesar de haber introducido la notación de índices, como carácter general (y ya que algunos ejemplos se resolverán de las dos formas) vamos a obtener aquí las expresiones del Movimiento Relativo. Como de la figura podemos poner:

$$r = oo' + r' \tag{56}$$

por derivadas sucesivas obtendremos la velocidad y aceleración.

---

4. No se realizarán problemas sobre cinemas en este texto.

Velocidad.

$$V_{ABS} = V_{REL} + V_{ARR} \tag{57}$$

Con $V_{REL} = d\, r' / dt$, el cambio respecto al eje móvil.

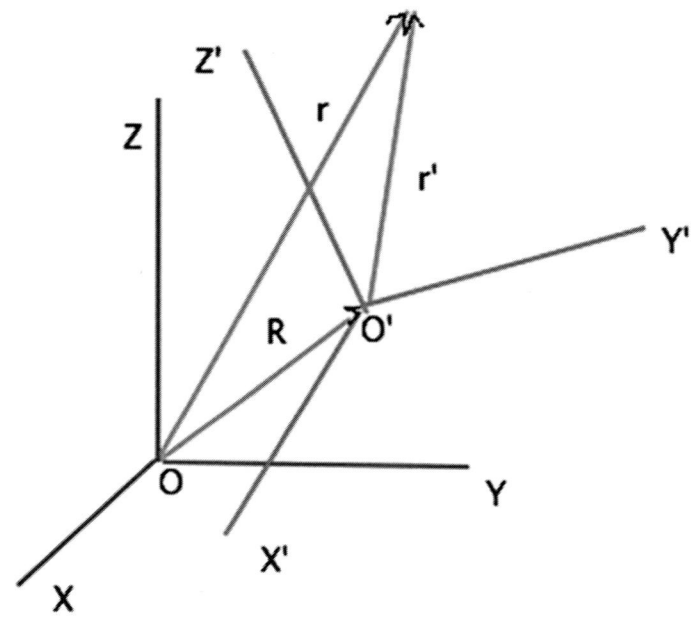

FIG. 28

$$V_{ARR} = V_{O'} + W \times r' \tag{58}$$

Ya que consideramos al punto como perteneciente al sistema móvil considerándolo indeformable en ese instante. Derivando de nuevo esa expresión obtenemos:

$$a_{ABS} = a_{REL} + a_{ARR} + a_{COR} \tag{59}$$

Con los significados usuales (RELATIVO, ARRASTRE Y CORIOLIS).

$$a_{REL} = d \, V_{REL} / dt$$

$$a_{ARR} = a_{o'} + W \times r + \alpha \times r \qquad \text{(60 a,b,c)}$$

$$a_{COR} = 2 \, W \times V_{REL}$$

ANÁLISIS DE MECANISMOS PLANOS

Los métodos de análisis cinemáticos de mecanismos planos, hacen uso de todo lo descrito anteriormente (métodos analíticos o VECTORIALES). Sin embargo, existen otros dos métodos que comentaremos, incluyendo algún ejemplo de aplicación, que también son usados por los ingenieros mecánicos.

Son los de Raven, que usa coordenadas independientes (con ecuaciones para las ligaduras o restricciones) y el de las COORDENADAS NATURALES.

MÉTODO DE RAVEN

Las ecuaciones de este método se plantean basándose en que la suma de los vectores que representan las barra de un mecanismo, a lo largo de un polígono cerrado son cero. Raven los define como vectores de notación compleja (fórmula de Moivre) y, a partir de ellas y de sus derivadas encuentra las velocidades angulares y las aceleraciones de las barras.

EJEMPLO. Vamos a calcular la velocidades angulares de las barras y dejaremos indicado el cálculo de sus aceleraciones angulares. Suponemos que el eslabón 2 gira con una W conocida. Tomaremos los ángulos de los eslabones 5, 2 y 4 (θ_5, θ_2 y θ_4) desde el eje X, EN SENTIDO CONTRARIO A LAS AGUJAS DEL RELOJ, hasta cada barra. Se supondrán también conocidos todos los datos correspondientes a longitudes de las barras o distancias OO' o también O'D.

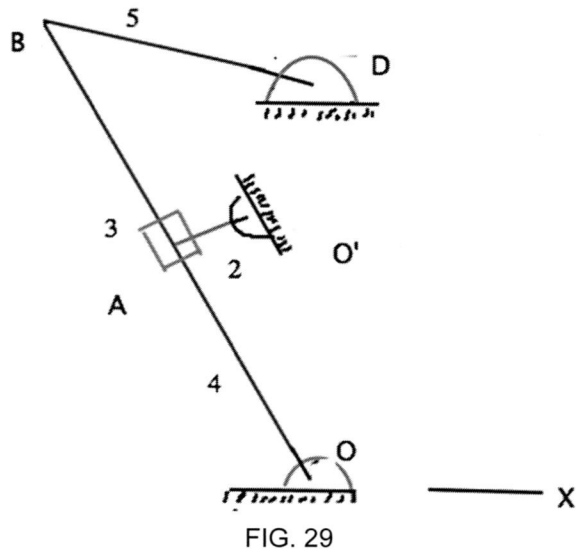

FIG. 29

Ecuaciones de cierre:

O'A = O'O + OA

DO' + O'O + OA + AB + BD = 0

$$O'A \cdot e^{i\theta_2} = O'O \cdot e^{i3\pi/2} + OA \cdot e^{i\theta_4}$$

$$DO' \cdot e^{i3\pi/2} + O'O \cdot e^{i3\pi/2} + OA \cdot e^{i\theta_3} + AB \cdot e^{i\theta_3} + BD \cdot e^{i\theta_5} = 0$$

Con fase un ángulo de 270°, en los elementos verticales O'O y DO' (ver los criterios fijados para los ángulos «… desde la horizontal hasta…») y además con $\theta_4 = \theta_3$.

Proyectando las partes Real e Imaginaria, tenemos:

$$O'A \cdot \cos \theta_2 = OA \cdot \cos\theta_3$$
$$O'A \cdot \operatorname{sen} \theta_2 = - O'O + OA \cdot \operatorname{sen} \theta_3$$
$$0 = AB \cdot \cos\theta_3 + BD \cdot \cos\theta_5 + OA \cdot \cos\theta_3$$
$$0 = DO' + O'O + AB \cdot \operatorname{sen}\theta_3 + BD \cdot \operatorname{sen}\theta_3 + OA \cdot \operatorname{sen}\theta_3$$

Ecuaciones con las que obtenemos, p. ej. los ángulos.

Si derivamos las expresiones iniciales, llegamos a las velocidades angulares.

Así si tomamos:

$W_2 = d\theta_2/dt;\ W_4 = d\theta_4/dt = d\theta_3/dt;\ W_5 = d\theta_5/dt$

$dOA/dt = V_{DESLIZADERA} = V_{34}$

Nos queda:

$$i.i.\ O'A.\ W_2\ .\ e^{i\theta2} = 0 + V_{34}.\ e^{i\theta3} + i.\ OA.W_4\ .\ e^{i\theta3}$$

$$ii.\ 0\ = 0 + i.\ AB.\ W_4\ .\ e^{i\theta3} + i.\ BD.\ W_5\ .\ e^{i\theta5}$$

En las que proyectando las partes Real e Imaginaria, obtenemos la velocidad de la deslizadera y las angulares de las barras 4 y 5. No olvidar la expresión de Moivre:

$$e^{i\theta} = \cos\theta + i\ .\ sen\theta$$

Para las aceleraciones (y aceleraciones angulares) derivamos, de nuevo, las ecuaciones de las velocidades. Esto es:

i. $O'A.\alpha_2.\ e^{i\theta2} - O'A.(W_2{}^2).\ e^{i\theta2} = a_{34}\ .\ e^{i\theta5} + 2.V_{34}.\ i\ .W_4\ e^{i\theta3}$
$+ i\ .\ \alpha_4.OA.e^{i\theta3} - OA.(W_4{}^2).e^{i\theta3}$

ii. $0 = i.AB.\alpha_4\ .\ (\cos\theta_3 + i.\ sen\theta_3) - AB.(W_4{}^2)(\cos\theta_3 + i.\ sen\theta_3)$
$+ i.\ \alpha_5.BD,\ (\cos\theta_5 + i\ .sen\theta_5) - BD.(W_5{}^2).(\cos\theta_5 + i\ sen\theta_5)$

Expresiones de las que obtenemos las aceleraciones angulares de las barras 3 y 5 y, además, la velocidad de la deslizadera.

MÉTODO DE COORDENADAS NATURALES (JACOBIANO)

EJEMPLO. Vamos a resolver el llamado mecanismo de los tres eslabones (ver FIG. 30). Tomamos OO' igual a D.

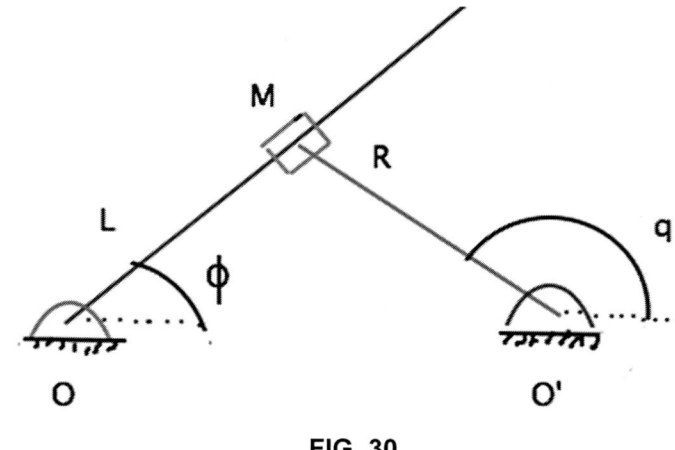

FIG. 30

Como siempre, partimos de la ecuación de bucle cerrado (el origen de ambos métodos es siempre la característica ecuación vectorial cerrada):

$$OO' + O'M = OM$$

$$D.e^{i.0} + R.e^{iq} = L.e^{i\phi}$$

Partes reales. $D + R.\cos q = L.\cos \phi$

Partes imaginarias. $R\,\text{sen}\, q = L.\,\text{sen}\, \phi$

Dividiendo ambas ecuaciones obtenemos ϕ, y luego podemos obtener L (que es variable en el tiempo, ya que M **DESLIZA** a lo largo de esa barra). Si derivamos y pasamos todo a un único miembro, tenemos:

$(dL/dt).\cos \phi - L.(d\phi/dt).\text{sen}\, \phi + R.(dq/dt).\text{sen}\, q = 0$

$(dL/dt).\text{sen}\, \phi + L.(d\phi/dt).\cos \phi \,´R.(dq/dt).\cos q = 0$

En forma matricial:

$$\begin{vmatrix} \cos \phi & -L\,\text{sen}\,\phi \\ \\ \text{sen}\,\phi & L\cos \phi \end{vmatrix} \cdot \begin{vmatrix} dL/dt \\ \\ d\phi/dt \end{vmatrix} = R(dq/dt). \begin{vmatrix} -\text{sen}\,q \\ \\ \cos q \end{vmatrix}$$

Representando el primer término, a la llamada Matriz Jacobiana. Para obtener los valores de dL/dt y de dφ /dt, aplicamos el cálculo de la inversa de la matriz y operamos:

$$[\,J\,]^{-1} = [\,J\,]^{\text{TRASP(ADJUNT)}} / |\,J\,| =$$

$$= (1 / L) . \begin{vmatrix} L.\cos\phi & L\,\text{sen}\,\phi \\ \\ -\,\text{sen}\,\phi & \cos \phi \end{vmatrix}$$

Con lo que:

$$[\,J]^{-1} . [\,J\,] . \{\,INCOG\} = [\,J\,]^{-1}. \, 2.^{\circ}\,MIEMBRO$$

Esto es (ya que el producto de la Matriz Jacobiana, por su inversa, es la identidad):

$$\begin{vmatrix} dL/dt \\ \\ d\phi/dt \end{vmatrix} = (dq/dt) . \begin{vmatrix} R\,\text{sen}\,(\phi - q) \\ \\ (R/L).\cos(\phi - q) \end{vmatrix}$$

O sea:

$$[(dL/dt) / (dq/dt)] = R \cdot sen (\phi - q)$$

$$[(d\phi/dt) / (dq/dt)] = (R/L) \cdot cos (\phi - q)$$

A los términos del primer miembro se les denomina COEFICIEN-TES DE VELOCIDAD [C_L (q) y C_ϕ (q)] y, curiosamente, NO DEPENDEN de ninguna velocidad, sino de las posiciones de las partes del mecanismo. Despejando, tenemos los valores de dL/dt y de dϕ/dt, que vendrán en función del eslabón de entrada, ya que, para obtenerlos, tendremos que multiplicar (el segundo miembro) por dq/dt.

En general, planteamos las ecuaciones de bucle, y sus derivadas sucesivas (en función de la de entrada q):

$$f_1 (q, \phi_1, \phi_2, \ldots\ldots) = 0$$

$$f_n (q, \phi_1, \phi_2, \ldots\ldots) = 0$$

Al derivar, nos queda:

$$df_1/dt = (\delta f_1/\delta q) \cdot (dq/dt) + (\delta f_1/\delta \phi_1) \cdot (d\phi_1/dt) + \ldots\ldots\ldots = 0$$

....

$$df_n/dt = (\delta f_n/\delta q) \cdot (dq/dt) + (\delta f_n/\delta \phi_1) \cdot (d\phi_1/dt) + \ldots\ldots\ldots\ldots = 0$$

De forma más sencilla en notación matricial quedan:

$$[\delta f_i / \delta q] \cdot (dq/dt) + \{J\} \cdot [d\phi_i / dt] = [0]$$

Con lo que, para obtener los COEFICIENTES DE VELOCIDAD tendremos:

$$[C_{\phi i}] = -[J]^{-1} \cdot [\delta f_i / \delta q] \tag{61}$$

Podemos calcular la velocidad de cualquier punto asociado a un eslabón. Haciendo uso de las indicaciones de la FIG. 31, vamos a obtener la fórmula general que relaciona la velocidad de un punto P con la de otro.

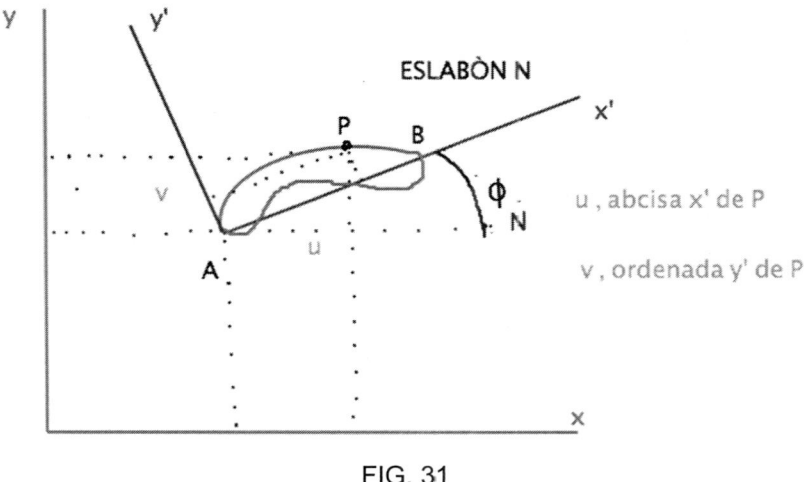

FIG. 31

Podemos poner:

$$x_P = x_A + u \cdot \cos \phi_N - v \cdot \operatorname{sen} \phi_N$$

$$y_P = y_A + u \cdot \operatorname{sen} \phi_N + v \cdot \cos \phi_N$$

Derivando llegamos a la velocidad de P:

$$dx_P/dt = dx_A/dt - u \cdot (d\phi_N/dt) \cdot \operatorname{sen} \phi_M - v (d\phi_N/dt) \cdot \cos \phi_N$$

$$dy_P/dt = dy_A/dt + u \cdot (d\phi_N/dt) \cdot \cos \phi_N - v (d\phi_N/dt) \cdot \operatorname{sen} \phi_N$$

O sea:

$$V_P = V_A + \begin{vmatrix} -\operatorname{sen} \phi_N & -\cos \phi_N \\ \cos \phi_N & -\operatorname{sen} \phi_N \end{vmatrix} \cdot \begin{vmatrix} u \\ v \end{vmatrix}$$

Como además:

$$r_{PA} = (u . \cos \phi_N - v. \operatorname{sen} \phi_N , \ u.\operatorname{sen} \phi_N + v. \cos\phi_N)= (r_{PAx} , r_{PAy})$$

$$W_N = (d \phi_N /dt) . k$$

Tendremos que:

$$V_{PA} = W_N \ x \ r_{PA} = - (d\phi_N/dt). \ r_{PAy} . \ i \ + (d\phi_N/dt). \ r_{PAx} . \ j$$

$$= (d\phi_N/dt). \begin{vmatrix} - \operatorname{sen}\phi_N & - \cos \phi_N \\ \\ \cos \phi_N & - \operatorname{sen} \phi_N \end{vmatrix} . \begin{vmatrix} u \\ \\ v \end{vmatrix}$$

Que coincide con la segunda parte después del igual, en la expresión vectorial de V_P, cumpliéndose la expresión general:

$$V_P = V_A + V_{PA}$$

ANEXOS TEORÍA.

ANEXO 1.
DEMOSTRACIÓN TEOREMA HARTMAN.

Partiendo de la idea de que cualquier punto B al moverse sobre su trayectoria tiene dos componentes intrínseca de la aceleración (tangencial y normal, ver FIG. 32).

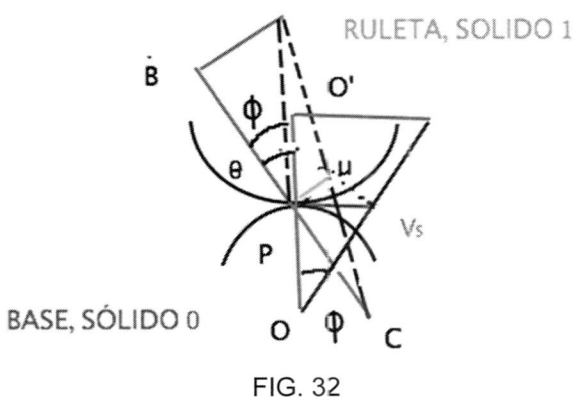

FIG. 32

Si partimos de un dato conocido, como puede ser la velocidad de dicho punto B (V^B_{10}), primero calculamos la velocidad del centro de la Ruleta ($V^{O'}_{10}$), la de Sucesión (V_S) y la aceleración:

$$a^B_{10} = a^P_{10} + \alpha \times PB - W^2_{10} \cdot PB$$

Si hallamos las componentes de la ecuación vectorial anterior en la dirección de P a B (recordando que la aceleración del P CIR) es **–W X V$_S$**, y que va dirigida hacia O' (para simplificar la llamaremos A), tenemos:

$$a^B_{10} (DIR\ PA) = - A. \cos\theta + W^2_{10}$$

Pero el radio de curvatura que queremos obtener viene de la componente normal:

$$a^N_{10} = V^2_{10}(B) / \rho^B_{10} = W^2_{10}.\, PB^2 / \rho^B_{10}$$

O sea:

$$W^2_{10}\, PB^2 / \rho^B_{10} = -\, W.V_s.\cos\theta + W^2_{10},\, PB$$

Por semejanza de triángulos:

$$u / V^B_{10} = CP / CB$$

Además:

$$V^B_{10} = W_{10}.\, PB$$

Sustituyendo en la expresión anterior tenemos:

$$\rho^B_{10} = CB$$

Gráficamente, intersectamos las líneas 1) que unen los extremos de la velocidad del punto y u, con 2) la normal a la trayectoria en el punto.

ANEXO 2.
PARES DE RODADURA

En todo el desarrollo práctico haremos uso de rodaduras PURAS, en los movimientos de los discos, tanto sobre superficies horizontales, como si lo hacen sobre superficies curvas. Son los denominados PARES DE RODADURA.

En el movimiento de rodadura pura (sin deslizamiento) podemos poner:

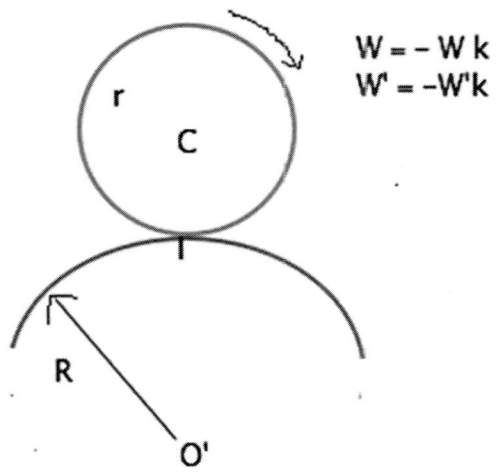

W = – W k
W' = –W'k

$$a_c = a_l + a_{cl} = -W_{REL} \times V^{SUC} - W^2 r\, j + \alpha\, r\, i$$

El término de la velocidad de Sucesión ya ha sido calculado en la teoría, además tratado los tres casos posibles [28, 28(BIS) y 29]. Por tanto:

$$a_c = W^2 [R\, r / (R + r)]\, j - W^2 r\, j + \alpha\, r\, i$$

$$= - [(W\, r)^2 / (R + r)]\, j + \alpha r\, i = -[V^2_c / R + r]\, j + \alpha r\, i .$$

En general, tenemos tres casos, todas a resultas de las ecuaciones del movimiento relativo (o absoluto) del centro:

CASO A

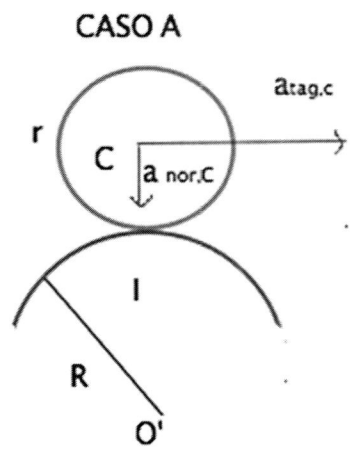

$$a^{nor}_C = V^2_C / R + r \qquad ; \qquad a^{tag}_C = \alpha \cdot r$$

CASO B

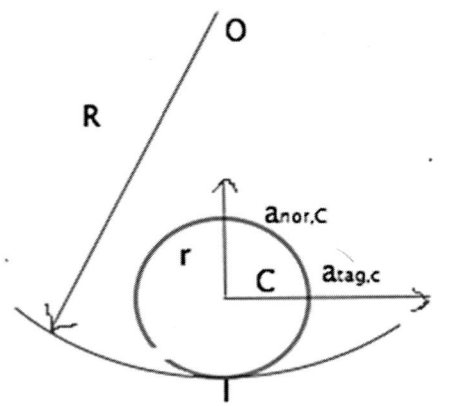

$$a^{nor}_C = V^2_C / R - r \qquad ; \qquad a^{tag}_C = \alpha \cdot R$$

CASO C

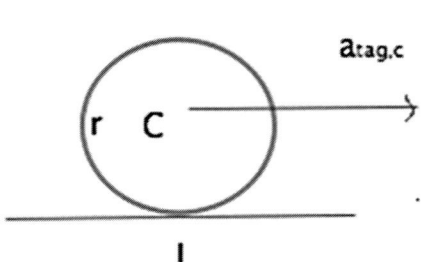

$$a^{nor}_C = 0 \qquad ; \qquad a^{tag}_C = \alpha \, r$$

PROBLEMAS

PARTE 1
(MÉTODOS ANALÍTICOS)

PROBLEMA 1.

La barra AB de la figura está unida en ambos extremos (articulados) a dos discos de radios 2R y R. El disco de radio mayor, rueda y no desliza, sobre el plano horizontal, con una velocidad angular W, en el sentido de las agujas del reloj. En el instante reflejado en la figura, el centro (B) del disco pequeño, se mueve en dirección vertical. Obtener, de más de una forma, la aceleración angular de la barra AB y la aceleración del centro del disco pequeño. Calcular también la aceleración de L.

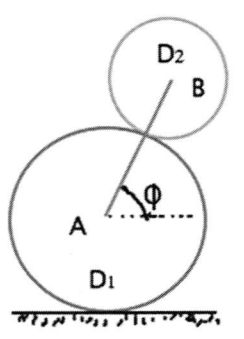

DATOS.
$R(A) = 2.R$
$R(B) = R$
$V(B)$ VERTICAL.
$W(D_1) = - W_1. k$

Si obtenemos el CIR de la barra, el problema sale de forma sencilla (ver figura):

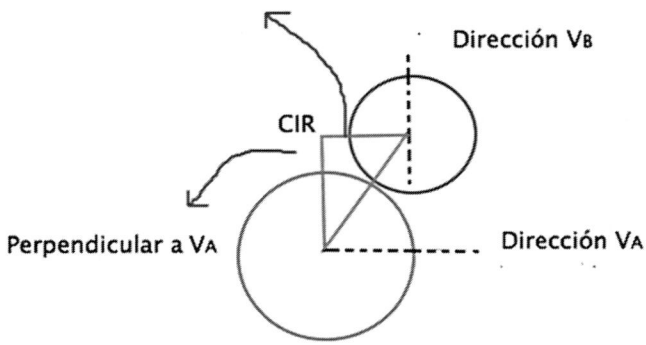

Perpendicular a V_B

Dirección V_B

CIR

Perpendicular a V_A

Dirección V_A

El procedimiento es el habitual, direcciones de las velocidades, perpendiculares a estas y en el corte tenemos el CIR.

Por la rodadura sin deslizamiento, podemos relacionar la velocidad del punto A, con su CIR, que está en el contacto con el suelo (lo llamaremos S, por suelo):

$$V_A = W_1 \times SA = 2RW_1 . i$$

Pero al referirlo al CIR de la barra:

$$V_A = W_{AB} \times I_{BARRA}A = 3 R . sen \phi . i$$

Igualando tenemos la velocidad angular de la barra.

Otra forma sería relacionar A y B a través de la ecuación:

$$V_B = V_A + W_{AB} \times AB$$

Que en componentes es:

$$V_B j = W_1 . 2 R i + W_{AB} . 3 R (- sen \phi , cos \phi)$$

Y en la que comparando, tenemos W_{AB} y V_B. Ver que en la expresión anterior hemos tomado el dato del enunciado (B se mueve verticalmente) y A (Disco 1 Rueda y no desliza), entonces podemos poner: $V_S = V_A + W_1 \times SA = 0,$ y obtener la velocidad de A).

También gráficamente en B podemos poner:

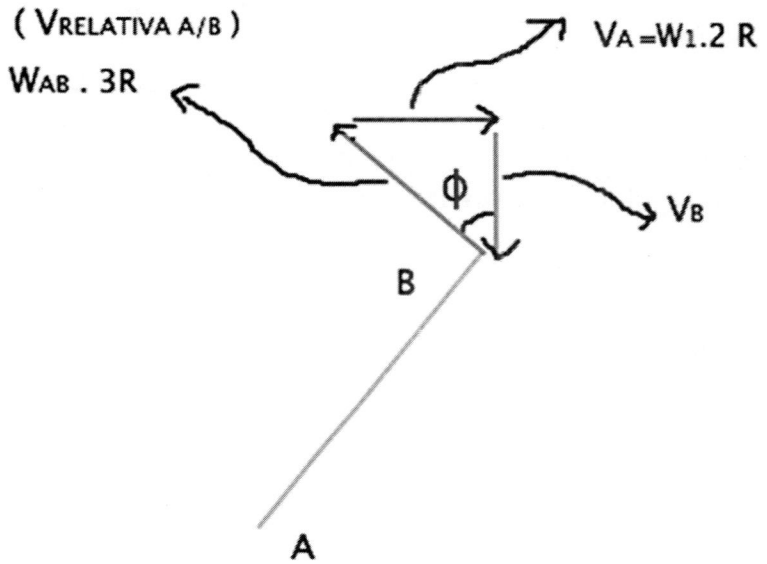

($V_{RELATIVA A/B}$)

$W_{AB} . 3R$

$V_A = W_1 . 2 R$

ϕ

V_B

B

A

Puesto que

$$V_B = V_A + V_{RELATIVA}(A/B)$$

De la figura (Teorema del seno):

$$V_B / \cos \phi = W_{AB} . 3 R = W . . 2R / \operatorname{sen} \phi$$

Y de nuevo reproducimos los resultados.

Relacionando el punto de contacto entre los discos (O), con el punto B, podremos calcular la W_2. O sea:

$$V_O = V_B + W_2 \times BO$$

Que nos lleva a:

$$2W_1 R \mathbf{i} + 2W_1 R(- \operatorname{sen}\phi, \cos\phi) = V_B \mathbf{j} + W_2 R(-\operatorname{sen}\phi , \cos\phi)$$

Igualando componentes, tenemos V_B y W_2.

Veamos como también podemos calcular el CIR (de la barra 2). De la expresión general, para la obtención del CIR, podemos poner:

$$BI = W_2 \times V_B / W^2_2 = \{R. \cos \phi / (1 + \text{sen } \phi)\} . (-i)$$

Aunque sea una redundancia, sustituyendo BI en la expresión de la velocidad angular, calculamos la W_2 :

$$W_{CIR\,2} = W_2 = V_B / BI = 2W_1 [(1 + \text{sen } \phi) / \text{sen } \phi)]$$

Para obtener las aceleraciones, a partir de que B debe moverse en vertical («entrar por B»):

$$a_B = a_A + W_{AB} \times W_{AB} \times BA + \alpha_{AB} \times AB = a_B j \qquad (1)$$

Pero la aceleración de A es cero (POLO DE ACELERACIONES), bien porque debemos recordar que rueda sin deslizar con W constante, o bien porque, al calcular su aceleración (S es el CIR del disco 1, y su aceleración de calcula mediante **– W x V_s**), vemos lo siguiente:

$$a_A = a_O - W_1^2. OA + \alpha_1 \times OA$$

El último término es cero (por serlo la aceleración angular) y los anteriores se cancelan. En efecto, $a_O = -W_1 \times V_s$, y cada uno de los términos es (ver la teoría):

$$a_O = -W_1 \times V_S = -W_1 \times [d(W_1 \times n)] = W^2_1 . 2R j$$

Con **n** dirigido hacia el centro de la Ruleta (el punto A) y d igual al radio de la ruleta (el disco 1) (eliminando la singularidad del radio de la base, que aquí es infinito).

Al descomponer la ecuación 1:

$$a_B (0, 1) = 3R. \alpha_{AB}(- \text{sen } \phi, \cos\phi) - W^2_{AB}. 3 R(\cos\phi, \text{sen}\phi)$$

de donde sacamos la aceleración de B y la angular de la barra AB.

Podemos demostrar que el punto A es el polo de aceleraciones de la barra. Aplicando la fórmula obtenida en la teoría, basta con sustituir los valores conocidos de la velocidad (y aceleración) angular de la barra AB, y el valor de la aceleración de B:

$$BP = W^2_{AB} \cdot a_B + \alpha_{AB} \times a_B / [\, W^4_{AB} + \alpha^2_{AB} \,] = 3R \,(\, -\cos \phi, \, -\text{sen } \phi \,) = BA$$

O sea, que P (Polo de aceleraciones) y A coinciden (para la barra AB).

También podemos relacionar las aceleraciones, siguiendo el diagrama siguiente:

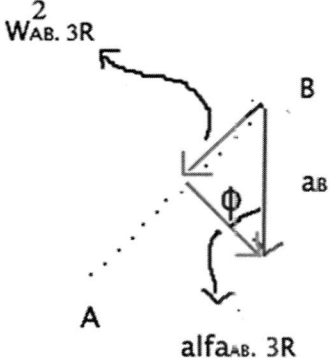

Aplicando el teorema del seno y recordando el valor de la velocidad angular de la barra, tenemos de nuevo los resultados.

Aplicando las fórmulas del movimiento relativo, podemos poner también:

MOVIMIENTO DE ARRASTRE.

Podemos considerar todo girando en torno a S (sólidos «un único cuerpo»), por lo que podemos poner:

$$V_B^{\,Arr} = W_1 \times SB$$

La aceleración de arrastre del punto de contacto entre los discos (L), tendrá solo componente radial (cuando la calculamos respecto al polo de aceleraciones A) $a_L = -W_1^2$. AL, ya que no hay aceleración angular en el disco 1 y la aceleración de A es cero.

El movimiento relativo para B, por ejemplo, es más sencillo:

$$V_B{}^{REL} = W_{21} \times LB$$

Con la velocidad angular relativa:

$$W_{21} = W_2 - W_1 = [3W_1 + (2W_1/ \text{sen } \phi)] \cdot k$$

Y la aceleración relativa de L será:

$$a^{REL}{}_L = -W_{21} \times V_S$$

Y la velocidad de sucesión será:

$$V_S = d(W_{21} \times n) = (2R.R/2R + R).(W_{21} k \times u_{LB}) = 2R/3.W_{21}.(-\text{sen}\phi, \cos\phi)$$

Ver diagrama:

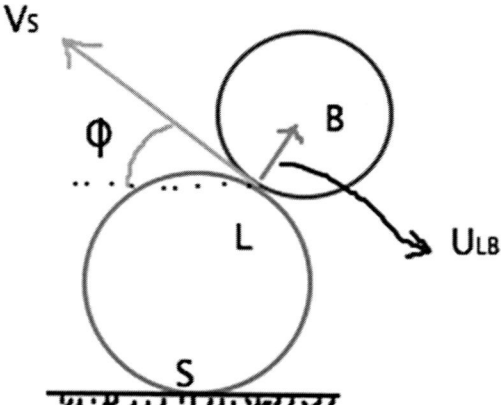

La aceleración de Coriolis es cero, porque L tiene velocidad 0.

PROBLEMA 2.

Calcular, para el mecanismo de la figura la velocidad del eslabón 2 y la aceleración angular del 7. Resolver el problema mediante la notación de índices. Tomar $W_{51} = V/R$ y $W_{31} = V/4R$ (ambas constantes). La velocidad del eslabón 8 es V (también constante).

AC = R.

EL DISCO RUEDA Y NO DESLIZA SOBRE EL SUELO.

(A desliza sobre la superficie del disco fijo)

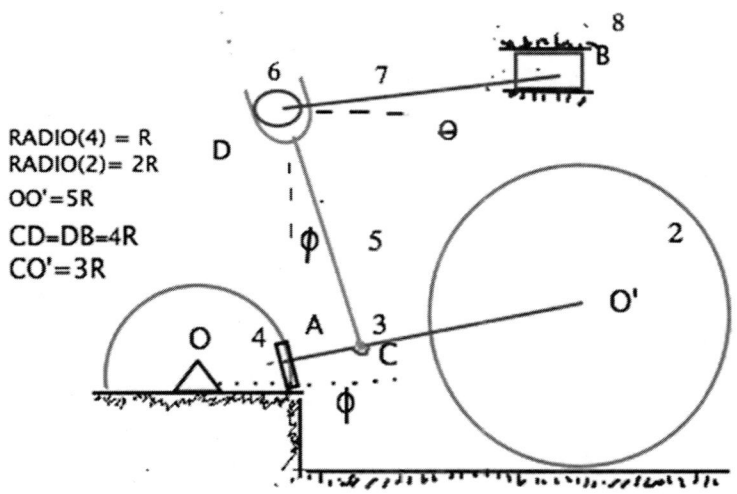

Lazo (4,3,2/5):

$$V^{C}_{31} = V^{A}_{41} + W_{31} \times AC = V^{O'}_{21} + W_{31} \times O'C$$

$$V^{A}_{41} (- \operatorname{sen}\phi, \cos\phi) + W_{31}R (\operatorname{sen}\phi, -\cos\phi)$$
$$= - W_{21}2R \ i + W_{31} 5R (\operatorname{sen}\phi, - \cos\phi)$$

$$-V^{A}_{41} \operatorname{sen}\phi + W_{31}R \operatorname{sen}\phi - W_{21}2R + W_{31} 5R \operatorname{sen}\phi$$
$$V^{A}_{41} \cdot \cos\phi - W_{31}R \cos\phi = -W_{31} 5R \cos\phi$$

$$V^A_{41} = -V \qquad\qquad W_{21} = V.\text{sen}\phi/\,R$$

Continuamos por el lazo (5, 6, 7, 8):

$$V^D_{61} = V^D_{65} + V^D_{51} = V^D_{65}(\,-\text{sen}\phi,\,\cos\phi) + V^C_{31} + W_{51}\,xCD$$
$$= V^D_{65}(\,-\text{sen}\phi,\,\cos\phi) + W_{31}5R(\,\text{sen}\phi,\,-\cos\phi)$$
$$+ W_{51}4R(-\cos\phi,\,-\,\text{sen}\phi)$$

$$V^D_{61} = V\!\!\!\diagdown\!\!\!_{67} + V^D_{71} = V^B_{81} + W_{71}\,x\,BD = V\,i + W_{71}4R(\,\text{sen}\theta,\,-\cos\theta)$$

$$-V^D_{65}\text{sen}\phi + W_{31}5R\,\text{sen}\phi - W_{51}4R\cos\phi = V + W_{71}4R\,\text{sen}\theta$$

$$V^D_{65}.\,\cos\phi - W_{31}5R - W_{51}4R\,\text{sen}\phi = -W_{71}4R\cos\theta$$

$$(W_{51} = V/\,R.\ \text{DATO DEL ENUNCIADO})$$

$$\{V^D_{65} = [V.\cos\theta + 4V\cos(\theta-\phi) +$$
$$+W_{31}5R\text{sen}\,(\theta-\phi)]/\ \text{sen}(\theta-\phi)\} \qquad\qquad (I)$$

Por tanto, en el sistema anterior tenemos solo dos incógnitas la velocidad angular del eslabón 7(W_{71}) y V^D_{65}.

Por el lazo superior (donde está la segunda incógnita que nos piden) al plantear la ecuación de las aceleraciones aparece $\mathbf{a^C_{31}}$, que es un dato que no conocemos.

$$a^D_{61} = a^D_{65} + a^D_{51} + 2W_{51}\,x\,V^D_{65} \qquad\qquad (II)$$

Tenemos que calcularlo, por lo que tenemos que ir al lazo (4, 3, 2):

$$a^C_{31} = a^A_{41} + W^2_{31}\,R(\,-\cos\phi,\,-\text{sen}\phi) + \alpha\!\!\!\diagdown_{31}R\,(\,\text{sen}\phi,\,-\cos\phi) \qquad (III)$$

De nuevo, el término de la aceleración angular, en este caso del eslabón 3 es nulo, por ser constante (dato del enunciado) la velocidad angular.

$$a^A_{41} = [(V^A_{41})^2/\,R]\,(\,-\cos\phi,\,-\text{sen}\phi) + a^{A,\,tag}_{41}(\,-\text{sen}\phi,\,\cos\phi)$$

Pero también podemos poner:

$$a^C_{31} = a^{O'}_{21} + W^2_{31}\, 3R(\cos\phi,\ \mathrm{sen}\phi) + \cancel{\alpha}_{31}\, 3R(-\mathrm{sen}\phi,\ \cos\phi) \qquad (IV)$$

$$a^{O'}_{21} = \alpha_{21}\, 2R\ i$$

$$(V^A_{41} = -V\ ,\quad W_{31} = V/\,4R)$$

Igualando (I) y (II), tenemos α_{21} y $a^{A,\,\mathrm{tag}}_{41}$ y, por tanto, a^C_{31} al sustituir los valores obtenidos en (III) o en (IV).

Volviendo a (II), ahora podemos aplicar la ecuación completa, ya que disponemos de datos suficientes:

$$a^D_{61} = a^D_{65} + a^D_{51} + 2W_{51} \times V^D_{65} \qquad (VI)$$

$$a^D_{65} = a^D_{65}(-\mathrm{sen}\phi,\ \cos\phi)$$

$$a^D_{51} = a^C_{31} + W^2_{51}\, 4R(\mathrm{sen}\phi,\ -\cos\phi) + \cancel{\alpha}_{51}\, 4R(\cos\phi,\ \mathrm{sen}\phi)$$

$$2W_{51} \times V^D_{65} = 2\,(V/R\ k) \times (V^D_{65})\,(-\mathrm{sen}\phi,\ \cos\phi)$$

$$V^D_{65} = [V.\cos\theta + 4V\cos(\theta - \phi) + (5.V/4)\mathrm{sen}\,(\theta - \phi)]/\ \mathrm{sen}(\theta - \phi)\}$$

Por último, en la parte superior del lazo (6, 7, 8):

$$a^D_{61} = a^D_{71} = \cancel{a^B_{81}} + W^2_{71}\, 4R(\cos\theta,\ \mathrm{sen}\theta) + \alpha_{71}\, 4R(-\mathrm{sen}\theta,\ \cos\theta) \qquad (VII)$$

En la última expresión, la aceleración de B es nula, al ser su velocidad constante, como indica el enunciado. Por último, igualando (VI) y (VII), queda descrito el mecanismo.

PROBLEMA 3

En el mecanismo de la figura hay rodadura sin deslizamiento en el punto A. Suponiendo conocidos todos los datos geométricos (longitud del brazo móvil, radio del disco, etc.), calcular la aceleración de la barra 4.

DATOS: OA = 3R

RADIO (DISCO) = R

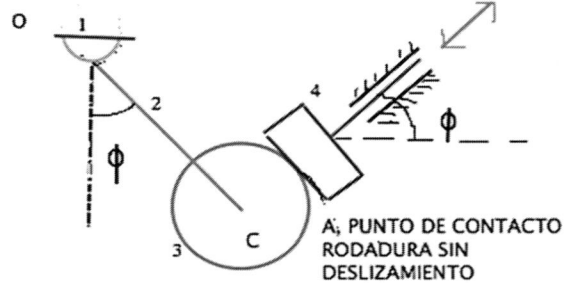

A; PUNTO DE CONTACTO RODADURA SIN DESLIZAMIENTO

W_{OC}, W'_{OC} (Antihorarias.)

Como siempre, aplicamos las ecuaciones de la cinemática:

$$V^C_{21} = V_O + W \times OC$$

$$V^C_{21} = V^C_{23} + V^C_{31} = V^C_{31}$$

$$V^A_{31} = V^C_{31} + W_{31} \times AC$$

$$V^A_{31} = V^A_{41} \text{ (CONDICIÓN DE RODADURA SIN DESLIZAMIENTO).}$$

Suponemos (ver figura) que el tope se desplaza en la dirección marcada, esto es:

$$V^A_{41} = V^A_{41} (\cos\phi, \text{sen}\phi)$$

Nos queda:

W. 3 $R \, (\cos\phi, \, \text{sen}\phi \,) + W_{31} \, R \, (-\text{sen}\phi, \, \cos\phi) = v^A_{41} (\cos\phi, \, \text{sen}\phi)$

De donde podemos despejar las dos incógnitas (W_{31} y a^A_{41})

Análogamente para las aceleraciones:

$$a^c_{21} = - W^2_{21} .OC + \alpha_{21} \times OC$$

$$a^A_{31} = a^C_{31} - W^2_{31}. CA + \alpha_{31} \times CA$$

$$a^c_{21} = a^C_{23} + a^C_{31} = a^C_{31}$$

$$a^A_{41} = a^A_{41} (\cos\phi, \, \text{sen}\phi)$$

$$a^A_{31} = a^A_{34} + a^A_{41}$$

Como en el contacto entre ambos sistemas (3 y 4) hay rodadura sin deslizamiento, el primer término después del igual no tendrá componente tangencial, pero sí podrá tener componente radial (ver discusión teoría) **[52 BIS]** Y la podremos calcular así:

$$a^A_{34} = W^2_{34}. R_3 . R_4 / (R_3 + R_4) .u_{AC} = W^2_{31}. R_3 . u_{AC}$$

Puesto que $W_{34} = W_3 - W_4 = W_3$ y, además, $R_4 \rightarrow OO$.

Del sistema obtenemos los valores de las aceleraciones angulares, y a^A_{41}, ya que el término α_{21} se conoce (enunciado W'_{OC}).

PROBLEMA 4

En el mecanismo plano de la figura, encontrar los valores de las velocidad y la aceleración angular del disco D. Suponer rodadura sin deslizamiento en el punto de contacto A y que B describe un movimiento paralelo a la pared vertical.

Resolver mediante las ecuaciones del movimiento relativo.

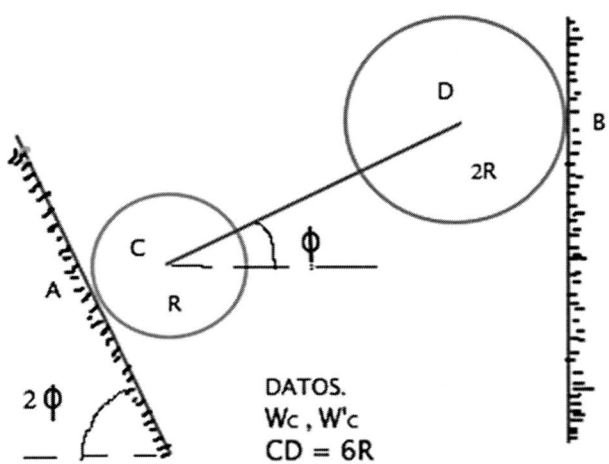

DATOS.
W_C , W'_C
$CD = 6R$

Rodadura sin deslizamiento en A
D describe un movimiento vertical

Aplicando MOV. REL. a la barra CD, tenemos:

$$V_D = V_{REL} + V_{ARR}$$

$$V_D = V_C + W_{CD} \times CD$$

$$V_D = V_D \cdot j \text{ (Movimiento paralelo a la pared vertical)}$$

$$V_C = W_C R \, (- \cos 2\phi, \, \text{sen} 2\phi)$$

Sustituyendo tenemos:

$$V_D \, j = W_C R \, (- \cos 2\phi, \, \text{sen} 2\phi) + W_{CD} \cdot 6R(\, - \text{sen}\phi, \cos \phi)$$

74

Análogamente con la aceleración:

$$a_D = a^{REL}{}_D + a^{ARR}{}_D + a^{COR} \quad = a_c + \alpha_{CD} \times CD - W^2{}_{CD} \cdot CD + 2. \, W' \times V_{REL}$$

$$a_D \, j = \alpha_{DISCO\,1} \cdot R \, (- \cos 2\phi, \, sen2\phi) + \alpha_{CD} \, 6R \, (- sen\phi \cdot \cos\phi)$$
$$- W^2{}_{CD} \, 6R \cdot (\cos 2\phi, \, sen2\phi)$$

PROBLEMA 5

En la figura vemos dos discos fijos (A y B), sobre los que rue-dan (y no deslizan) otros dos (H y G). Los centros de estos últi-mos están unidos por una barra CC' Se sabe que la línea que une O con C gira con una velocidad angular W, en el sentido de las agujas del reloj. Calcular la velocidad y la aceleración angular del disco H. Resolver por las relaciones de movimiento de sólidos relativos a otros.

Radio A – 2R, Radio B – 3R, Radio G– R, RadioH– 2R

CC'= 8R

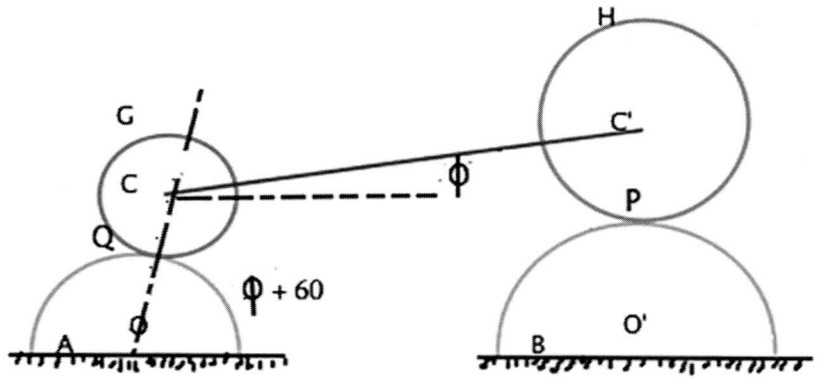

Como siempre, aplicamos las ecuaciones de la cinemática:

$$V_{c'} = V_c + W_{cc'} \times CC'$$

$$V_{c'} \, i = W \cdot 3R \cdot (\text{sen}\,(60 + \phi), - \cos (60 + \phi)) + W_{cc'} \cdot 8R \cdot (\cos\phi, \text{sen}\phi)$$

$$V_{c'} = W \cdot 3R \cdot \text{sen}\,(60 + \phi) + W_{cc'} \cdot 8R \cdot \cos \phi$$
$$0 = - W \cdot 3R \cdot \cos (60 + \phi) + W_{cc'} \cdot 8R \cdot \text{sen}\phi$$

De las cuales tenemos $W_{cc'}$ y $V_{c'}$. Y, por tanto, la primera de las incógnitas, que era la velocidad angular del disco H. Por la rodadura sin deslizamiento del centro C' (sobre B), podemos poner:

$$V_P = 0 = V_{C'} + W_H \times PC' \rightarrow W_H = V_C / 2R$$

Con las aceleraciones procedemos igual. Tenemos:

$$a_{C'} = a_C + W_{CC'} \times W_{CC'} \times CC' + \alpha_{CC'} \times CC'$$

$$a_C = (V^2_C / 3R).(- \cos(60 + \phi), - sen(60 + \phi))$$

$$a_{C'} = -V^2_{C'} / 5R \ j - \alpha_{O'C'}. \ 5R. \ i$$

Expresión, esta última, en la que hemos supuesto aceleración angular de la «línea que une el centro C' con O'». El resto de los términos, nos quedarían:

$$W_{CC'} \times W_{CC'} \times CC' = - W^2_{CC'}. \ 8R. \ (\cos\phi, \ sen\phi)$$

$$\alpha_{CC'} \times CC' = \alpha_{CC'}. \ 8R. \ (- \ sen\phi, \cos\phi).$$

Igualamos y despejamos. De nuevo, para obtener la aceleración angular de H, procedemos igual, por la rodadura sin deslizamiento sobre B:

$$V^{C'} = \cancel{V_A} + W_H \times IC' = \cancel{V_{O'}} + W^{INST}_{O'C'} \times O'C'$$

Y derivando llegamos a:

$$a_{C'}^{TAG} = \alpha_{O'C'}. \ 5R = \alpha_H.2R$$

$$\alpha_H = 5/2. \ \alpha_{O'C'}$$

PROBLEMA 6

El disco de radio R rueda y no desliza, sobre una base móvil que se mueve (de izquierda a derecha) con velocidad 2v y aceleración a. La barra vertical (CC') está unida a una deslizadera (que se mueve verticalmente y hacia arriba, con una velocidad v) y está, a su vez, articulada al centro del disco. Para el instante considerado, calcular las aceleraciones angulares del disco y la barra. Métodos analíticos más gráficos.

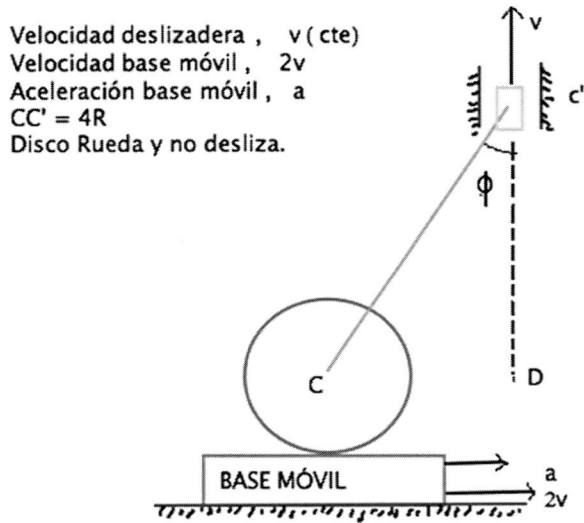

Velocidad deslizadera , v (cte)
Velocidad base móvil , 2v
Aceleración base móvil , a
CC' = 4R
Disco Rueda y no desliza.

BASE MÓVIL

Aplicando las ecuaciones de la cinemática:

$$V_{c'} = V_c + W_{cc'} \times CC'$$

Que en componentes nos da:

$$V\,j = V_c\,i + W_{cc'} \cdot 4R\,(\,-\cos\phi,\,\operatorname{sen}\phi\,)$$

Es decir, despejando:

$$V_c = V/\tan\phi$$

78

Hacia la derecha, y en el sentido contrario a las agujas del reloj respectivamente. Calculando el CIR de la barra, se llega a los mismos resultados.

$$W_{CIR} = W_{CC'} = V / C'I_B = V_C / CI_B$$

Pero $C'I_B / CI_B = tag \phi$

Ver figura.

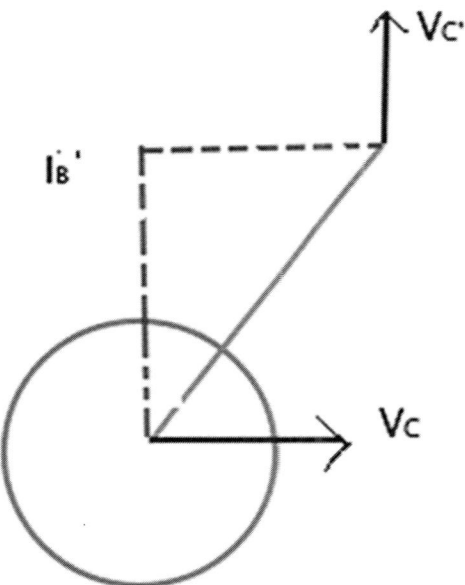

Al rodar sin deslizar sobre la plataforma móvil, la velocidad del punto de contacto será igual a la de la base móvil, 2v **i**. Y una forma sencilla de calcular la W de rotación del disco es mediante los CIR. Pero aquí nos encontramos con dos posibilidades, según la velocidad del centro (V / tagϕ) sea mayor o menor de la del punto de contacto, aunque se proceda de igual forma al cálculo del CIR.

CASO 1.

V/ tagϕ < 2V, (tag ϕ > 2)

Como vemos, el CIR del disco se encuentra por encima del centro C. Y, por proporción, podemos determinar su posición exacta:

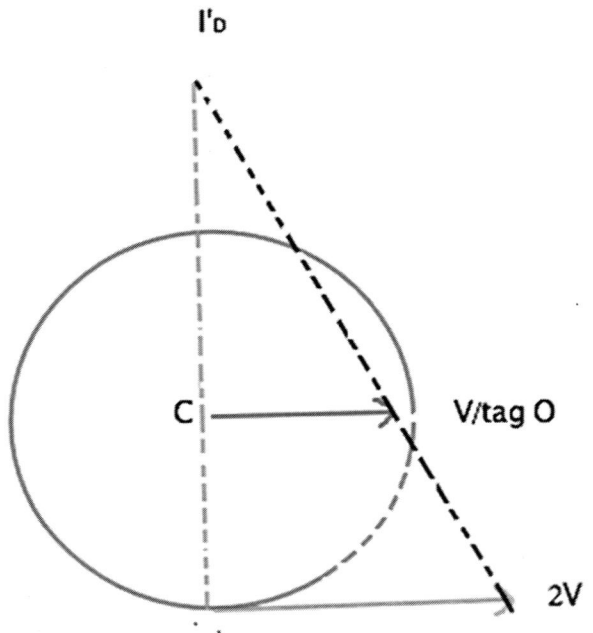

$$2V / (R + I_DC) = V/tag\ \phi\ /I_DC$$

Y despejamos I_DC.

CASO 2.

$V/ tag\phi > 2v,\ tag\phi < 2$

En este caso, el dibujo de CIR es al contrario, el CIR se encuentra por debajo del punto de contacto con la base móvil, pero su posición se encuentra de nuevo por proporciones.

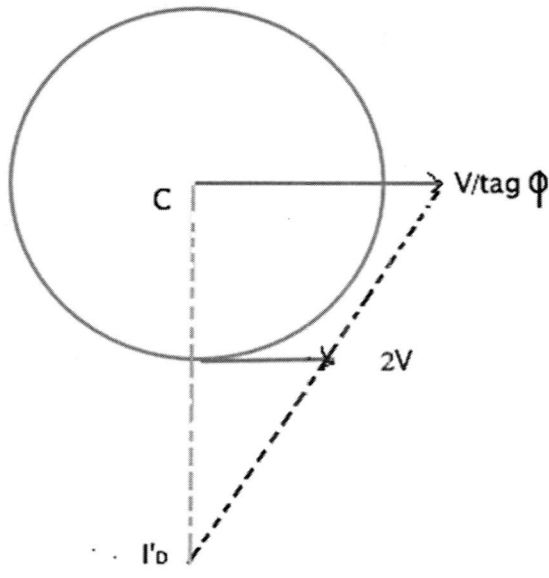

$$(V / \tan \phi) / (CI'_D) = (2V) / (CI'_D - R)$$

Análogamente procedemos al cálculo de las aceleraciones angulares.

Como las aceleraciones en el punto de contacto (tangentes en dicho punto, al disco, y a la base móvil, es decir, en la dirección del suelo), nos queda (llamando al punto H):

$$a_C = a_H + \alpha_D \times HC - W^2_D \cdot HC$$

$$a_{Hx} = a\,i$$

$$a_C\,i = a\,i + a_{HV}\,j + \alpha_D\,R\,i - W^2_D\cdot R\,j$$

$$a_C = a_{C'} + \alpha_{CC'}\cdot 4R(\cos\phi, -\operatorname{sen}\phi) + W^2_{CC'}\cdot 4R(\operatorname{sen}\phi, \cos\phi)$$

$$a_{C'} = 0$$

Expresiones que nos permiten calcular las aceleraciones angulares pedidas. Debemos tener en cuenta que la aceleración de C ha de ser horizontal, por lo que en la expresión total de su aceleración, el componente vertical, ha de ser cero.

PROBLEMA 7

En el mecanismo plano de la figura, se conoce la velocidad de giro del eslabón 2 y se pide las aceleraciones relativas de los eslabones, así como las aceleraciones angulares. Resolver el problema, tanto por el método de índices, como mediante las expresiones del movimiento relativo.

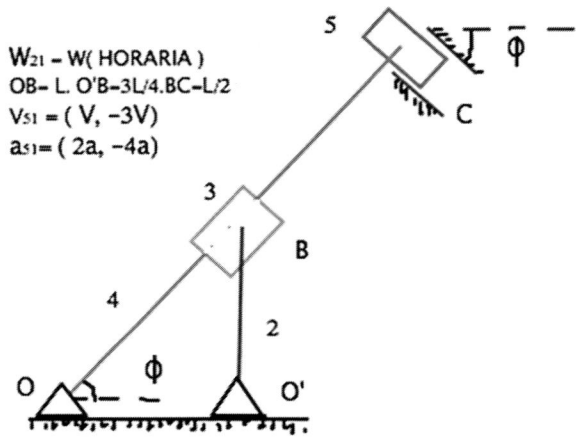

$W_{21} - W(\text{HORARIA})$
$OB - L. \; O'B-3L/4. BC-L/2$
$V_{S1} = (V, -3V)$
$a_{S1} = (2a, -4a)$

Aplicando las relaciones cinemáticas tenemos:

$$V^B_{21} = V^B_{23} + V^B_{31} = V^B_{31}$$
$$V^B_{21} = V_{O'} + W_{21} \times O'B$$
$$V^b_{31} = V^B_{34} + V^B_{41} = V_O + W_{41} \times OB \qquad (\text{a})$$

Que corresponden a las expresiones siguientes del movimiento relativo:

$$V^B_{ABS,2} = V^B_{ABS,3}$$
$$V^B_{ABS,2} = W_2 \times O'B$$
$$V^B_{ABS,3} = V_{ARR(4)} + V_{REL(3/4)} \qquad (\text{b})$$
$$V_{REL(3/4)} = V^B_{34} = V^B_{34} (\cos\phi, \text{sen}\phi)$$

Con (ver figura) $\text{sen}\phi = \tfrac{3}{4}$ [$\cos\phi = 7^{1/2} / 3.$]

Sustituyendo en (a) o en (b):

$$W \cdot \tfrac{3}{4} L \cdot i = V^B_{34} \ (\cos\phi, \, sen\phi) + W_{41} \cdot L \ (-sen\phi, \cos\phi)$$

Tenemos la velocidad angular del eslabón 4, y la de la deslizadera 3, respecto al mismo eslabón. Para las aceleraciones tenemos:

$$a^B_{21} = a^B_{23} + a^B_{31} = a^B_{31} = a^B_{34} + a^B_{41} + 2\,W_{41} \times V^B_{34} = a^B_{ABS,2}$$
$$= a^B_{34}(\cos\phi, sen\phi) - W^2_{41} \cdot L \ (-\cos\phi, -sen\phi)$$
$$+ \alpha_{41} L (-sen\phi, \cos\phi) + 2\,W_{41} V^B_{34} \ (-sen\phi, \cos\phi)$$
$$= -W^2_{21} \cdot \tfrac{3}{4} L \cdot j$$
$$= a^B_{ABS,3} = a^B_{REL,(3/4)} + a^B_{ARR,4} + a_{COR}$$

Despejamos, igualando componente a componente y calculamos la aceleración angular (4/1) y la relativa de la deslizadera 3 respecto a la 4.

Con la deslizadera 5, procedemos igual:

$$V^C_{51} = (V, -3V) = V^C_{54}(\cos\phi, -sen\phi) + V^C_{41} = V_{REL} + V_{ARR(4)}$$
$$= V^C_{54}(\cos\phi, -sen\phi) + W_{41} \cdot 3L/2 \ (-sen\phi, \cos\phi)$$

$$a^C_{51} = a^C_{54} + a^C_{41} + 2\,W_{41} \times V^C_{54} = a_{REL} + a_{ARR(4)} + a_{COR}$$

$$(2a, -4a) = a^C_{54}(\cos\phi, sen\phi) + \alpha_{41} \times OC - W^2_{41} \cdot OC + 2W_{41} \times V^C_{54}$$

$$\alpha_{41} \times OC = \alpha_{41} \cdot 3L/2 \cdot (-sen\phi, \cos\phi)$$

Además, $2W_{41} \times V^C_{54} = 2W_{41} V^C_{54} \ (sen\phi, \cos\phi)$

PROBLEMA 8

Dado el mecanismo de la figura, calcular el radio de curvatura del punto I del disco 4. Calcular también la aceleración del CIR del eslabón 4 respecto al 2 (punto I). Resolver mediante la notación de índices.

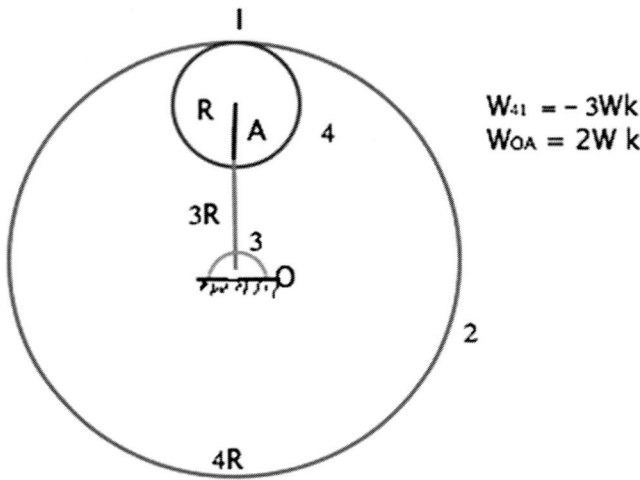

$$W_{41} = -3Wk$$
$$W_{OA} = 2W\,k$$

Para el cálculo de las velocidades angulares (relativas o absolutas) podemos tomar dos caminos.

$$V^A_{41} = V^A_{42} + V^A_{21} = V^A_{43} + V^A_{31} = V^A_{31}$$

$$-6WR\,i = -W_{42}.R\,i + 9WR\,i$$

$$W_{42} = -15Wk$$

$$W_{41} = W_{42} + W_{21} = -18Wk$$

2. MÉTODO VELOCIDADES RELATIVAS.

$$V_A = -6WRi = V_I + V_{AI} = 12WRi + W_{41}.R\,i$$

$$W_{41} = -18W \qquad , \qquad W_{41} = -18Wk$$

Para el cálculo del radio de curvatura, partimos de los hechos siguientes:

a. La velocidad y la aceleración tangencial son tangentes a la trayectoria en cualquier punto. Por tanto, la dirección (que marca la dirección del vector NORMAL) perpendicular a esta, nos dará el sentido de la componente centrípeta **(n)**.

b. Aplicamos la ecuación $R_{curv} = V^2 / a_{nor}$.

$$R_{CURV} = [V^2 / a_{NOR}] . n \qquad\qquad (III)$$

En este caso nos lo piden, para el punto i:

$$R_{CURV} = V^2_{41}(I) / a_{41}(I)$$

$$V^I_{41} = V^I_{42} + V^I_{21}$$

$$V^I_{41} = V^A_{41} + V(A/I) = -6WR\ i + 18WR\ i = 12WR\ i$$

$$(V^A_{41} = V^A_{31})$$

Luego el vector tangencial es **i**. Por tanto, el vector en la dirección normal será **j**. Al calcular la aceleración del punto **I,** la componente **j** ¡¡será la que tendremos que tomar!!

$$a^i_{41} = a^A_{41} + a_{A/I} = a^A_{31} + a_{A/I}$$
$$= - W_{31}^2 . 3R\ j - W_{41}^2 . R\ j\ +\ \alpha_{31} . R\ i$$
$$= [\qquad\quad a^{I, NORMAL} \qquad\quad] + a^{I,\ TANGENCIAL}$$

O sea, que no es necesario calcular la aceleración angular, porque solo nos interesan los términos en j. Además, vemos que el vector unitario **n** es **–j** . Es decir sustituyendo en **(III):**

$$R_{CURV} = \{(12\ W\ R)^2 / [\ W_{31}^2 3R + W_{41}^2 . R]\} (-j)$$

Como el punto I es el CIR 42, la forma más sencilla de calcular su aceleración es a partir de la velocidad de sucesión.

$$a^I_{24} = -W_{24} \times V_S$$

$$V_S = d. \, [W_{24} \times n]$$

$$d = R_2.R_4 \, / \, R_2 - R_4$$

Con:

$$R_2 = 4R \qquad R_4 = R \qquad n = -j \qquad W_{24} = W_{21} - W_{41}$$

Como aplicación, podríamos ver dónde está el CIR 41 aplicando la fórmula general (16):

$$AI = \{[-k \times 6WR - I \,]\}/ \, 15W = \; + 2R/5 \, j$$

PROBLEMA 9

La pala mecánica de la figura presiona con velocidad constante la barra MN, de forma que esta empuja un disco de radio R, calzándolo entre ella y la pared. Ayudándose de métodos gráficos (que complementen a los vectoriales analíticos), calcular dónde está el CIR del disco, el punto H (polo de aceleraciones) y la velocidad de sucesión del CIR. Obtener también la ecuación de la base y la ruleta.

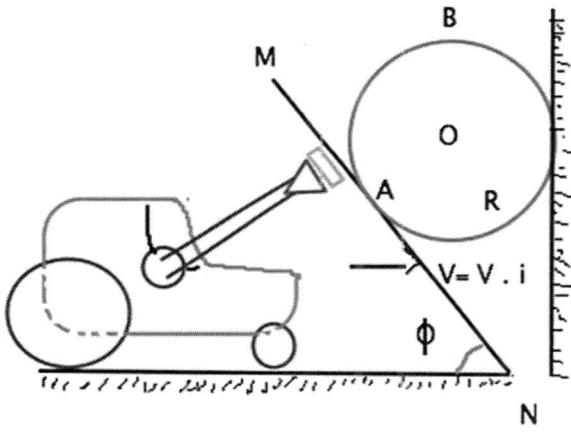

Vemos que al existir rodadura pura, se debe de cumplir:

$$V_{A,DISCO} = V_{A,CUÑA} = V$$

$$a_{A,DISCO} = a_{A,CUÑA} = 0 \text{ (UNIFORME)}$$

Buscamos dos puntos del sistema disco (de los cuales conozcamos, al menos, la dirección de sus velocidades). Luego trazamos las perpendiculares a estas, y obtenemos el CIR.

Aplicando las ecuaciones del Movimiento Relativo al centro O del disco, tenemos:

$$V^O_{ABS} = V^O_{REL} + V^O_{ARR}$$

Cada término vectorial tiene una dirección y un sentido. Veamos qué conocemos y qué no:

V^0_{ABS} (El centro O se mueve verticalmente, pero no conocemos el valor de su velocidad).

V^o_{REL} (El disco aparenta moverse paralelo a la cara inclinada de la cuña, en contacto con el disco. No conocemos su valor)-

V^o_{ARR} (El disco es ARRASTRADO por la cuña en su movimiento horizontal, con la velocidad de este V).

Pero ha de cumplirse la igualdad anterior (suma de vectores), por lo que:

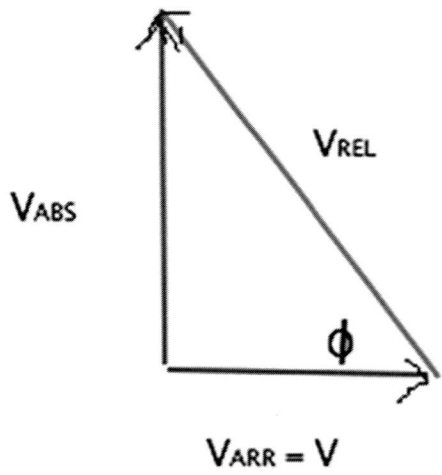

De la figura:

$$V_{REL} = V/cos\phi \quad . \quad V_{ABS} = V.tag\phi$$

Gráficamente, podemos trazar el CIR del disco:

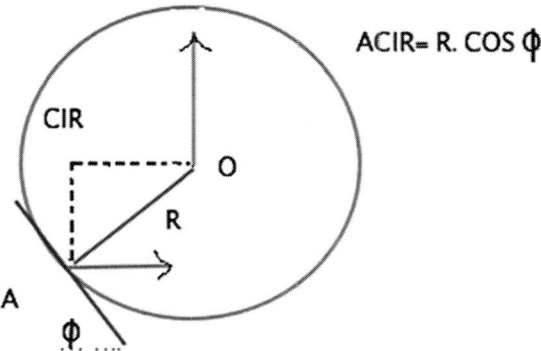

ACIR= R. COS ϕ

Para obtener la velocidad angular del disco, relacionamos dos puntos con datos conocidos, p. ej. A y O:

$$V_A = V_O + W \times OA$$

$$V\,i = V.tag\phi\,j + WR\,(\cos\phi, -\sin\phi)$$

$$W = V/R.\cos\phi$$

Para las aceleraciones procedemos igual:

$$a^O_{ABS} = a^o_{REL} + a^O_{ARR} + a^O_{COR}$$

Veamos qué sabemos de cada uno de los términos de la ecuación anterior:

a (ABS). El disco se mueve verticalmente, pero no la conocemos.

a (REL). Es un vector paralelo a la cara de contacto con la cuña. No la conocemos.

a (ARR). Es cero (la cuña arrastra al disco con velocidad constante).

a (COR). Debe de ser paralela al plano de deslizamiento (la cara de contacto con la cuña).

Gráficamente:

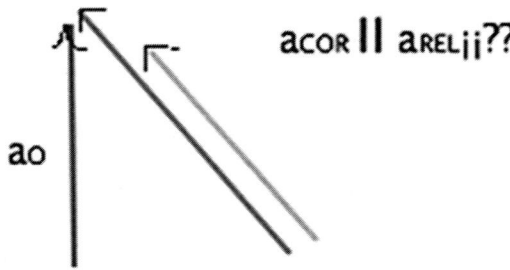

Pero el triángulo ¿NO CIERRA? La única solución para esta incongruencia es que la aceleración sea cero.

Razonando análogamente, entre A y O podemos demostrar que la aceleración angular del disco debe de ser cero Para calcular el POLO DE ACELERACIONES (PUNTO H), partimos de la expresión (38) de la teoría:

$$AH = \{W^2 \cdot a_A + \alpha \times a_A\} / [W^4 + \alpha^2]$$

Con α igual a cero y la aceleración de A:

$$a_A = a_O - W^2 OA + \alpha \times OA$$

$$AH = a_A / W^2 = R(\operatorname{sen} \phi, \cos \phi) = AO$$

Luego el polo de aceleraciones del disco es el centro O. Para obtener la velocidad de sucesión (velocidad del polo de aceleraciones), o bien calculamos la velocidad de H (que es el punto O) o aplicamos el cálculo matemático.

MET 1.

$$V_H = V_I + W \times IH = W \times IH = (2V/R\ k) \times (R.\operatorname{sen}\phi\ i) = 2V \operatorname{sen}\phi\ j$$

MET 2.

$$a_i = - W_{DISCO/CUÑA} \times V_{SUCESIÓN} = a_O + \alpha \times OI - W^2 \cdot OI = - W^2 \cdot OI$$

$$W_{DISCO/CUÑA} = W_{DISCO} = 2V/R \ \mathbf{k}$$

$$OI = - R . sen\phi \ \mathbf{I}$$

Necesariamente, para que la igualdad (vectorial) se cumpla, el sentido de la velocidad de sucesión (que aparece en un producto vectorial a la izquierda de la igualdad) deberá de ser **j.**

Para las ecuaciones de la Base y de la Ruleta, partimos de los sistema de ejes de la figura y representamos las coordenadas del CIR, **EN AMBOS**.

Con ayuda de la figura siguiente, podemos obtener las posiciones del CIR en la BASE:

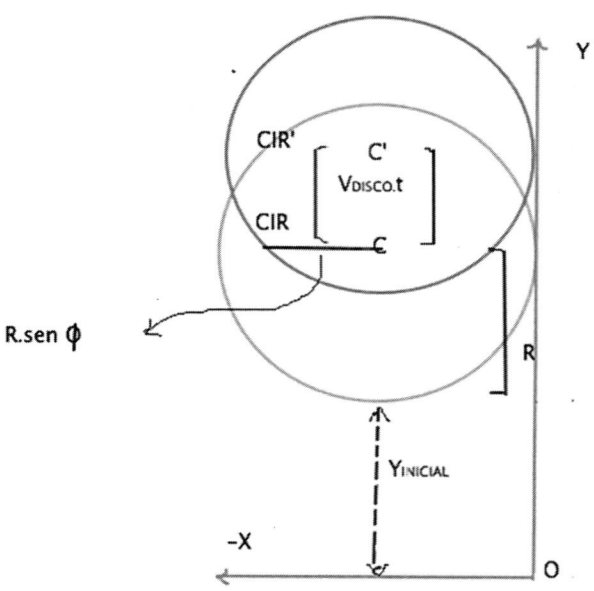

$$X = -(R + R \ sen\phi)$$

$$Y = Y_{INICIAL} + R + V.t$$

Recta $X = -R(1 + sen\phi)$ **BASE**

Análogamente para la ruleta, tomamos ejes móviles en el centro del disco (que asciende con una velocidad):

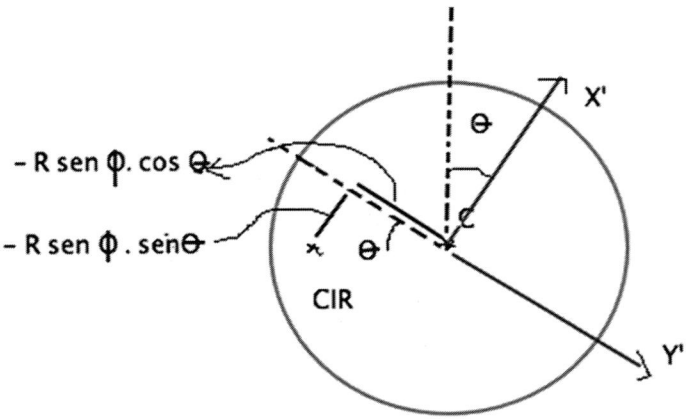

Y tenemos:

$$X' = - R.\ \text{sen}\ \phi.\cos\theta$$

$$Y' = - R.\ \text{sen}\ \phi.\ \text{Sen}\theta$$

$$X'^2 + Y'^2 = R^2.\text{sen}^2\phi$$

RULETA

Que es una circunferencia de radio (R. senϕ).

PROBLEMA 10

La barra del mecanismo de la figura gira con una velocidad angular de 2 W (horaria), de forma que el disco tiene un movimiento vertical. Se pide calcular la aceleración del polo de aceleraciones, y su velocidad. Resolver por el método de índices.

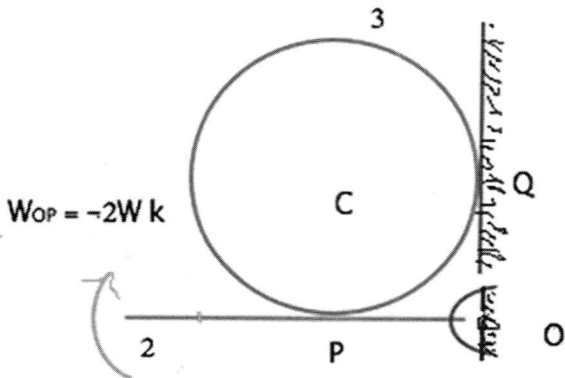

Planteamos sin más las relaciones cinemáticas, para las velocidades y aceleraciones, para el centro del disco C:

$$V^C_{31} = V^C_{32} + V^C_{21}$$

$$V^C_{31} = V^C_{31} \cdot j \text{ (Movimiento vertical del disco)}$$

$$V^C_{32} = W_{32} \cdot R \, i \quad \text{(Velocidad angular supuesta horaria)}$$

$$V^C_{21} = 2WR \, i + 2WR \, j$$

Sustituyendo en la primera ecuación tenemos:

$$V^C_{31} = 2 \, W \, R \qquad ; \qquad W_{32} = - 2W \text{ (antihoraria)}$$

Y además:

$$W_{31} = W_{32} + W_{21} = 2W \, k + -W \, k = W \, k$$

Para las aceleraciones tenemos:

$$a^C_{31} = a^C_{32} + a^C_{21} + 2 . W_{21} \times V^C_{32}$$

$a^C_{31} = a^C_{31} j$ (Movimiento vertical del disco)

$a^c_{32} = \alpha_{32}. R i$ (Sentido de la aceleración angular horario)

$a^C_{21} = W^2 R i - W^2 R j$

$2 . W_{21} \times V^C_{32} = 2. (-2W k) \times (-2 W R \qquad\qquad i) = 8W^2R j$

De donde:

$$\alpha_{32} = - W^2 \qquad ; \qquad a^C_{31} = 7 W^2 R$$

$$\alpha_{31} = \alpha_{32} + \alpha_{21} = W^2 k + 0.k = W^2 k$$

Para calcular la posición del polo de aceleraciones **(H)**, vamos a localizar el CIR y usar algunas de las expresiones ya deducidas en la teoría.

$$CI = k \times 2WR j / W = - 2R i$$

Aplicando (42):

$$a_C = a^{TAG}_{CI} + W^2.CH$$

$$7W^2R j = 2W^2R j + W^2.CH$$

$$CH = 5R j$$

El cálculo de la velocidad del polo de aceleraciones y de la aceleración de dicho polo es:

$$V_H = V_C + W_{31} \times CH = 2WR j - 5WR i$$

$$a_H = a_C + a_{CH} = 7W^2R j - 5W^2R i - 5W^2R j$$

$$a_H = (2W^2R , -5W^2R).$$

PROBLEMA 11

En el mecanismo de la figura, el disco gira sobre el suelo con rodadura pura (sin deslizamiento). Si la barra gira (sentido anti-horario) con una velocidad angular W, determinar en el instante dado (ver figura) la velocidad de rotación (relativa) de la desliza-dera 2 respecto al disco. Calcular también la aceleración angular del disco.

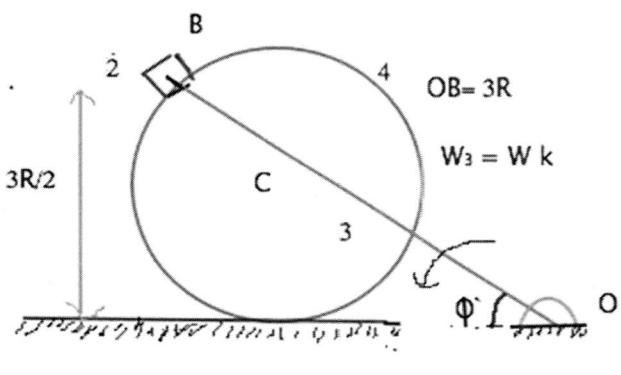

$$3R/2 = 3R.\,sen\,\phi \quad \rightarrow \phi = 30°$$

Partiendo de las ecuaciones de la cinemática, para el punto B nos resulta:

$$V^B_{21} = V^B_{24} + V^B_{41}$$

Pero refiriendo el punto B del disco, al punto O:

$$V^B_{21} = V_O + W_{31} \times OB = W.3R.\,(-sen\,30, -cos\,30)$$

Por rodar sin deslizar:

$$V_C = - W_{41}.\,R\,i$$

$$V^B_{41} = V_C + V_{CB} = -W_{41}R\,i + W_{41}\,k \times R(-(3)^{1/2}/2, 1/2)$$

$$V^B_{24} = W_{24}\,R(\,1/2\,,\,(3)^{1/2}/2)$$

95

Al sustituir en la primera expresión, tenemos ya una de las incógnitas, que era la W_{24}, aparte de W_{41}.

Para la aceleración procedemos igual:

$$a^B_{21} = a^B_{24} + a^B_{41} + 2. W_{41} \times V_{24}$$

$$a^B_{21} = \alpha_{21} \times OB - W^2_{21}. OB = -W^2_{21} . OB$$

$$a^B_{41} = a_c + a_{CB} = -\alpha_{41} R \, i + \alpha_{41} R(1/2, (3)^{1/2}/2) + W^2_{41}R ((3)^{1/2}/2,- \tfrac{1}{2})$$

$$a^B_{24} = W^2_{24} R ((3)^{1/2}/2, - 1/2) + \alpha_{24} R (1/2, (3)^{1/2}/2)$$

$$OB = 3R(-sen30, - cos 30)$$

Sustituyendo, tenemos TODAS las aceleraciones angulares. Tenga el lector en cuenta que en todo el desarrollo se han tomado las aceleraciones angulares en el sentido –k.

PROBLEMA 12

Dado el mecanismo de la figura (así como los datos geomé-tricos necesarios) calcular la aceleración angular α_{31}. Todos los discos ruedan sin deslizar. La velocidad angular W_{21} vale W (anti-horaria) y su aceleración angular es α (antihoraria).

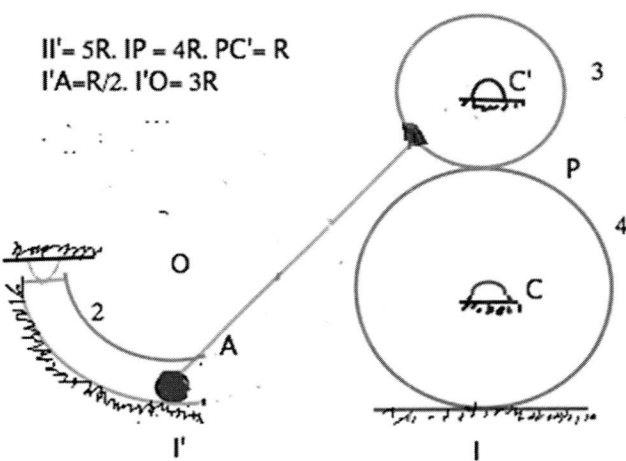

II'= 5R. IP = 4R. PC'= R
I'A=R/2. I'O= 3R

Partiendo, como siempre, de las ecuaciones de las velocidades y de las aceleraciones, para el punto A de la figura, tenemos:

$$V^A_{21} + V^A_{32} = V^A_{31}$$

$V^A_{21} = W.3R\,(\,i + j\,)$
$V^A_{32} = - V^A_{32}\,i$
$V^A_{31} = W_{31}.\,5R\,[2]^{1/2}\,(-\cos 45,\,\text{sen}\,45)$

Sustituyendo tenemos la velocidad V^A_{32} y la W_{31}.

Procedamos con la aceleración:

$$a^A_{31} = a^A_{32} + a^A_{21} + 2\,W_{21} \times V^A_{32}$$

$a^A_{31} = W^2_{31}.\,5R.[2]^{1/2}(\,\cos 45,\,\text{sen}\,45\,) + \alpha_{31}5R[2]^{1/2}(-\cos45,\text{sen}45)$
$a^A_{32} = \{(\,V^A_{32})^2/\,3 \qquad\qquad R\,j - \alpha_{32}.3R\,i$

$$a^A_{21} = W^2_{21}3R[2]^{1/2}(-\cos 45i +\text{sen } j)+ \alpha_{21}3R[2]^{1/2} (\cos45,\text{sen}45)$$
$$= W^2\dots\dots\dots\dots\dots + \alpha \dots\dots\dots$$

(DATOS ENUNCIADO)

$$2W_{21} \times V^A_{32} = 2 W k \times 6WR(-i) = -12W^2R j$$

Igualando componentes tenemos la aceleración angular buscada α_{31}. En este, como en otros ejercicios, se han tomado las aceleraciones angulares (desconocidas *a priori*) en sentido horario.

PROBLEMA 13

En el mecanismo de la figura, el pasador A se mueve VERTI-CALMENTE por la ranura, con una velocidad constante. Calcular la velocidad y la aceleración angular del disco pequeño. La velocidad angular del disco 2 es W (ANTIHORARIA). Resolver por la notación de índices.

Radio (DISCO 2) = 2R
Radio (DISCO 3) = R
Movimiento A vertical.

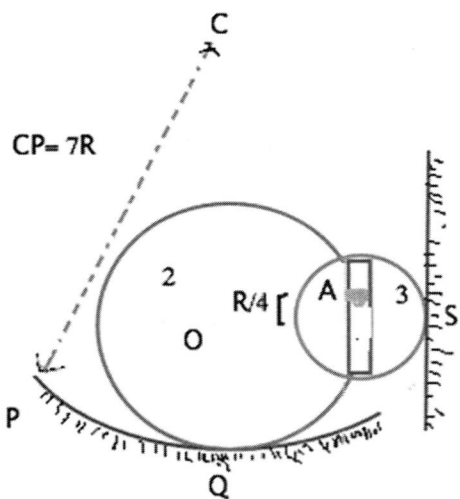

Como siempre, a partir de las ecuaciones de la cinemática:

$$V^O_{21} = W_{21} \times QO = -W2R \; \mathbf{i}$$
$$V^A_{21} = V^O_{21} + W_{21} \times OA = -W(2R + R/4) \; \mathbf{i} + W2R \; \mathbf{j}$$
$$V^A_{21} = V^A_{23} + V^A_{31}$$
$$= V^A_{23} \; \mathbf{j} - W_{31}. R \; \mathbf{j} - W_{31}R/4 \; \mathbf{i}$$

Despejamos (igualando componente a componente) y tenemos V^A_{23} y W_{31}.

Procedamos con las aceleraciones:

$$a^A_{21} = a_O + a_{AO} = a^A_{23} + a^A_{31} + 2\,W_{31}\,x\,V^A_{23}$$

Vamos a calcular cada uno de los términos:

$$a_O = V_O^2/5R\,\mathbf{j} - \alpha_{CO} \cdot 5R\,\mathbf{i} = V_O^2\,/5R\,\mathbf{j}$$

$$a_{AO} = -W^2_{21} \cdot 2R\,\mathbf{i} - W^2_{21} \cdot R/4\,\mathbf{j}$$

$$a^A_{23} = a^A_{23}\,\mathbf{j}$$

$$a^A_{31} = \alpha_{31} \cdot R\,\mathbf{j} + \alpha_{31} \cdot R/4\,\mathbf{i} - W_{REL(3/S)}\,x\,V_{SUC(S)} - \cancel{W^2_{31}}R/4\,\mathbf{j} + \cancel{W^2_{31}} \cdot R\,\mathbf{i}$$

$$a^A_{23} = 0 \text{ (velocidad del pasador constante)}$$

Expresión en la que se cancelan los términos correspondientes a la velocidad de sucesión en S (aceleración del CIR de la rueda 3) y el último. Como siempre, las aceleraciones angulares desconocidas las tomamos *a priori* en el sentido de las agujas del reloj.

PROBLEMA 14

En el mecanismo de la figura, la barra 4 tiene una velocidad angular constante W (antihoraria) y el disco rueda por el plano inclinado, sin deslizar. La deslizadera A se mueve en la dirección indicada con velocidad constante. Calcular la velocidad y aceleración angular del disco.

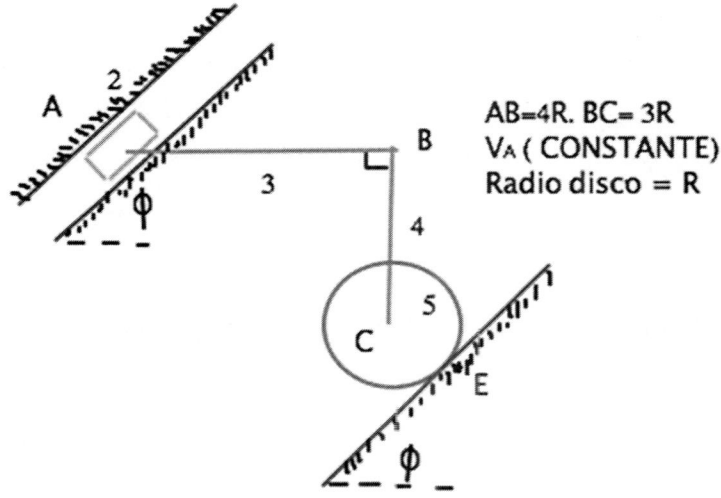

AB=4R. BC= 3R
V_A (CONSTANTE)
Radio disco = R

Partiendo, como siempre, de las relaciones cinemáticas, tenemos:

$$V^A_{21} = V^A_{23} + V^A_{31} = V^A_{31} = V^B_{31} + W_{31} \times BA$$

$$V^B_{31} = V^B_{34} + V^B_{41} = V^B_{41} = V^C_{41} + W_{41} \times CB$$

$$V^C_{41} = V^C_{45} + V^C_{51} = V^C_{51} = V_E + W_D \times EC$$

Que nos guían, al proyectar en componentes a :

$$V. \cos\phi = - W_D. R\cos\phi - W_{31}.3R$$

$$V.\operatorname{sen}\phi = - W_D.R.\operatorname{sen}\phi - W_{31}. 4R$$

Despejamos y tenemos ya W_D (DISCO).

Análogamente:

$$a^A_{21} = a^A_{23} + a^A_{31} + 2\, W_{21}\, x\, V^A_{23}$$

Expresión en la que varios de los términos son cero o, por ser la derivada de constantes, o bien por ser partes comunes de dos eslabones , como le pasa a A en el caso 2/3 o, como es el caso del eslabón 2 (W_{21} es cero, ya que no rota). Esto nos lleva a que la aceleración a^A_{31} = 0 = a^A_{21} = a^A.

Por la recurrencia entre cada par de eslabones (usaremos la notación relativa, no tan pesada como la de índices) ponemos:

$$a^B = a^A + a_{AB} = 0 + \alpha_{31}.\, 4R\, j - W^2_{31}.\, 4R\, i =$$
$$= a^C + a_{CB} = \alpha_{51}\, x\, \overline{EC}\; - W^2_{41}.\, 3R\, j$$
$$= \alpha_D\, R\, (\, -\cos\phi,\, -\,\text{sen}\phi\,) - W^2R\, j$$

Igualando componente a componente, tenemos la aceleración angular del disco.

PROBLEMA 15

Dado el mecanismo de la figura (en el que la barra 2 gira con velocidad angular W constante antihoraria), calcular la aceleración angular del disco 3. Calcular también la velocidad de sucesión de B. Resolver usando la notación de índices, tomando la base (x, y).

$W_2 = W$ k. $OQ = 3R$. $BC = 5R/2$
LA GUÍA (ST) ESTÁ FIJA

A partir de las ecuaciones de la cinemática, aplicadas al punto B (que se mueve por la ranura curva ST fija) tenemos:

$$V^B_{31} = V^B_{32} + V^B_{21}$$

$$V^B_{31}(\text{sen}\phi, \cos\phi) = W_{32}. R(- \cos\phi, \text{sen}\phi)$$
$$+ W.4R (\text{sen}\phi, \cos\phi) \qquad (II)$$
$$+ W.R (- \cos\phi, \text{sen}\phi)$$

Componente a componente tenemos V^B_{31}, así como todas las velocidades angulares del problema ($W_{31} = W_{32} + W_{21}$)

Procedamos con las aceleraciones:

$$a^B_{31} = a^B_{32} + a^B_{21} + 2 W_{21} \times V^B_{32}$$

Veamos cada término (recordar que hemos de proyectar en la base xy de resolución del problema, tal como se nos pide en el enunciado).

$$a^B_{31} = a^{B,TAG}_{31} + a^{B,NOR}_{31} = a^{B,TAG}_{31}(sen\phi, cos\phi)$$
$$+ (V^B_{31})^2/(2'5\ R)(cos\phi, - sen\phi)$$

$$a^B_{32} = a_A + a_{AB} = \alpha_{32}R (cos\phi, - sen\phi) + \alpha_{32}R(-sen\phi, - cos\phi)$$
$$+ W^2_{32}.R (- cos\phi, sen\phi)$$

$$a^B_{21} = W^2. 4R (- cos\phi, sen\phi) + W^2. R (- sen\phi, - cos\phi)$$
$$1\ W_{21} \times V^B_{21} = (2\ W\ k) \times [V^B_{31} (sen\phi, cos\phi)]$$

En esta última ecuación, haremos uso del módulo de V^B_{31}, obtenido al resolver el sistema (II).

Para la Velocidad de Sucesión del punto B partimos de las expresiones ya usadas en problemas anteriores (29):

$$V_S(B) =\ d\ .(W_{REL} \times n)$$

En este caso:

$$d = (R_R . R_{B)} / (R_R + R_B)= 5R / 7$$
$$R_R = R (RULETA)\qquad R_B = 5R/2 (BASE)$$
$$n (en\ el\ sentido\ BA)$$
$$W_{REL} = W_{31} - 0 = W_{31}\qquad (la\ base\ ST\ está\ fija)$$

PROBLEMA 16

En el mecanismo de la figura B se mueve con una velocidad constante V (EJE X). Calcular las aceleraciones angulares del disco y de la barra 3 (CB). El disco rueda sin deslizar, sobre el plano inclinado.

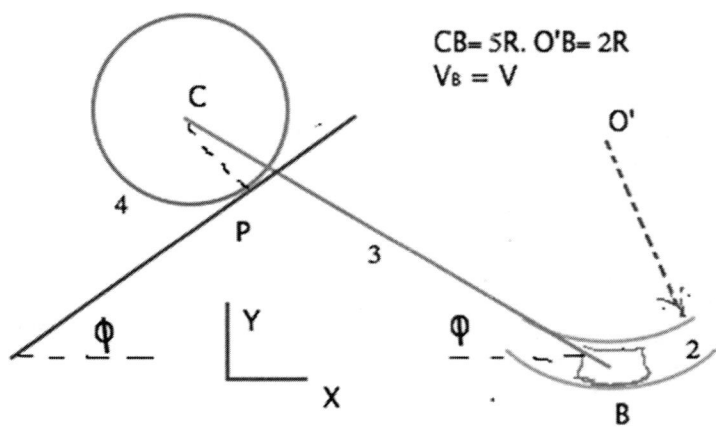

CB= 5R. O'B= 2R
$V_B = V$

Apliquemos de nuevo las relaciones cinemáticas, para la velocidad y la aceleración:

$$V^C_{41} = V^C_{43} + V^C_{31} = V^C_{31} = V^B_{31} + W_{31} \times BC$$
$$= V^B_{32} + V^B_{21} + W_{31} \times BC$$

Por rodar sin deslizar sobre el plano inclinado (Punto P CIR i_{14}), nos queda:

$$V^C_{31} = V_P + W_{41} \times PC = W_{41}R \ (-cos\phi, -sen\phi)$$

Por tanto, al igualar queda:

$$W_{41} R.(\ -cos\phi. - sen\phi \ ) = V \ I \ + W_{31} \ 5R. \ (-sen\phi, - cos\phi \ )$$

Y podemos calcular, por tanto (al resolver por componentes el sistema anterior) las velocidades angulares del disco (4) y de la barra BC (3).

Con las aceleraciones, exactamente igual. Pero teniendo en cuenta que P es el CIR del eslabón 4, es decir, del disco, su aceleración se calculará a partir de la velocidad de sucesión. Los términos de la aceleración de P y la componente normal, en la dirección CP, se anulan entre sí:

$$a^C_{41} = a^P_{41} + a^{REL}_{PC} = -[\cancel{W^2_{41}} \times V^{SUC}_P + \alpha_{41} \times PC - \cancel{[W^2_{41}}. PC]$$
$$= \alpha_{41} \times PC = \alpha_{41}. R(-\cos\phi, -\sin\phi) \qquad (I)$$

$$a^C_{41} = \cancel{a^C_{43}} + a^C_{31} + 2W_{31} \times \cancel{V^C_{43}}$$

Expresión en la que se anulan, el primer y el último término después de la igualdad. Luego:

$$a^C_{41} = a^C_{31} = \cancel{a^B_{31}} + a^{REL}_{BC}$$
$$= \cancel{a^B_{32}} + a^B_{21} + [2W_{21} \times \cancel{V^B_{32}}] + a^{REL}_{BC}$$
$$= [V^{2,B}_{21} / 2R]j + \alpha_{31}. 5R.(-\sin\phi, -\cos\phi)$$
$$- W^2_{31}.5R(\cos\phi, -\sin\phi) \qquad (II)$$

Igualando las expresiones (I) y (II), podemos calcular las aceleraciones angulares de los eslabones 3 (barra CB) y 4 (disco).

PROBLEMA 17

En el mecanismo de la figura, el disco 2, rueda y no desliza, con velocidad y aceleración angular W y α, respectivamente (sentido horario). Análogamente, el disco 4 rueda y no desliza sobre su superficie de apoyo. Calcular las aceleraciones angulares del disco 4 y de la barra OM.

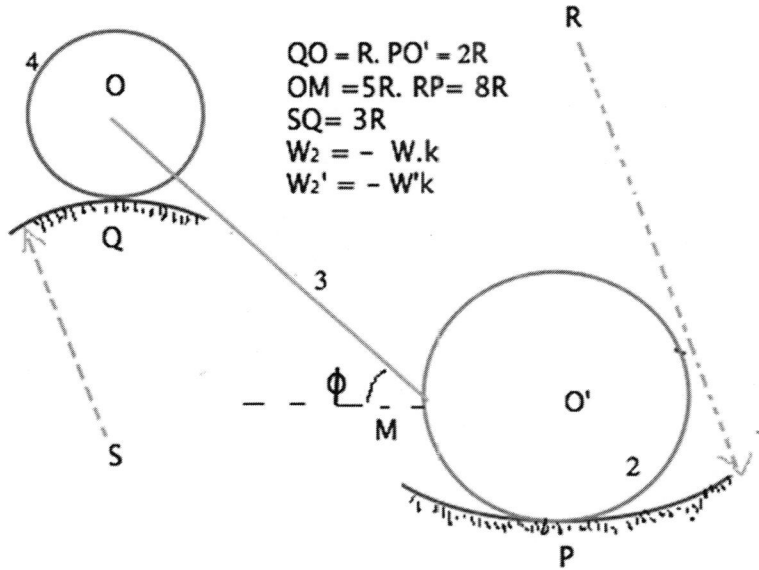

$QO = R.\ PO' = 2R$
$OM = 5R.\ RP = 8R$
$SQ = 3R$
$W_2 = -\ W.k$
$W_2' = -\ W'k$

Como siempre partimos de las ecuaciones de la cinemática, o bien «entrando» desde los eslabones (BARRA/DISCO 3/2), o bien desde los (BARRA/DISCO 4/3).

$$V^{O'}_{21} = V^{P}_{21} + W_{21} \times PO' = W_{21}2R\ i$$

$$V^{M}_{21} = V^{O'}_{21} + W_{21} \times O'M = W_{21}\ 2R\ i + W_{21}2R\ j$$
$$= W.\ 2R\ (i + j) \qquad (I)$$

$$V^{O}_{31} = V^{O}_{34} + V^{O}_{41} = V^{O}_{41} = V^{Q}_{41} + W_{41} \times QO = -W_{41}R\ i$$

$$V^M{}_{21} = V^M{}_{23} + V^M{}_{31} = V^M{}_{31} = V^O{}_{31} + W_{31} \times MO$$
$$= -W_{41}Ri + W_{31}5R\,(-sen\phi, -cos\phi) \quad (\text{ II })$$

Igualando (I) y (II), componente a componente, tenemos las velocidades angulares del disco y de la barra 3. Como siempre aclarar que, *a priori*, tomamos las velocidades angulares en el sentido de las **k** positivas, y las aceleraciones angulares en el de **–k** De tal manera, que al resolver las ecuaciones planteadas (módulos de las magnitudes) nos indican realmente su sentido.

$$a^{O'}{}_{21} = (V^{O'}{}_{21})^2 / (8R - 2R)\,j + \alpha 2R\,i$$

$$a^M{}_{21} = a^{O'}{}_{21} + a^{REL}{}_{O'M} = a^{O'}{}_{21} + \alpha_{21} \times O'M - W_{21}{}^2.O'M$$
$$= \ldots\ldots + \alpha_{21}2Rj + W_{21}{}^2.\,2R\,i \qquad (\text{ I })$$

$$a^M{}_{21} = \cancel{a^M{}_{23}} + a^M{}_{31} + 2\,\cancel{W_{31}} \times V^M{}_{23} = a^M{}_{31} = a^O{}_{31} + a^{REL}{}_{OM} \qquad (\text{ II })$$

$$a^O{}_{31} = \cancel{a^O{}_{34}} + a^O{}_{41} + 2\,\cancel{W_{41}} \times V^O{}_{34} = a^O{}_{41} = -(V^O{}_{41})^2 /(3R- R)\,j - \alpha_{41}R\,i$$

$$a^{REL}{}_{OM} = \alpha_{31}\,5R\,(-sen\phi, -cos\phi) - W^2{}_{31}.5R(\,cos\phi\,, -sen\phi)$$

Con todos los términos, solo tenemos que sustituir en (I) y (II), y despejar.

PROBLEMA 18

En el mecanismo de la figura, la barra OB gira en sentido horario, con velocidad y aceleración angular W y α, respectivamente. Calcular las aceleraciones angulares del disco, y de la barra CD. El disco tiene movimiento de rodadura sin deslizamiento, sobre la base semicircular fija.

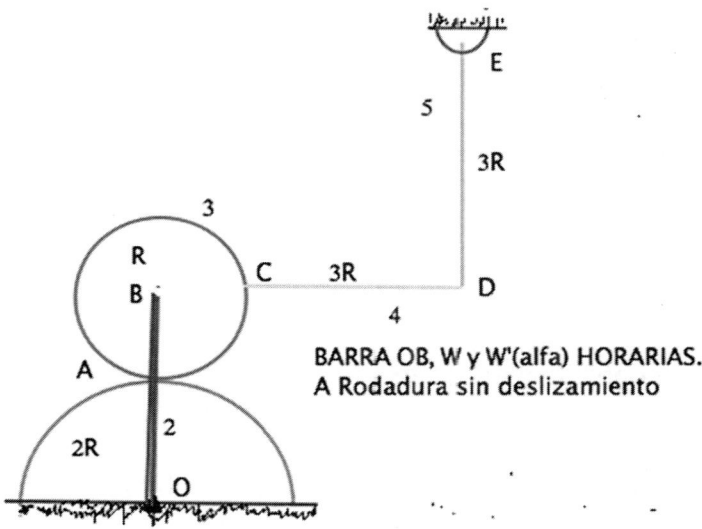

BARRA OB, W y W'(alfa) HORARIAS.
A Rodadura sin deslizamiento

Como siempre aplicamos las ecuaciones cinemáticas, iniciando la «entrada» por los eslabones (2/3/4).

$$V^B_{31} = V_O + W_{OB} \times OB = V^A_{3} + W_{31} \times AB$$

$$W . 3R \; i = W_{31} \; R \; I \quad \text{(Con } W_{31} \text{ en la dirección -k)}$$
$$W_{31} = 3W.$$

$$V^C_{31} = V^B_{31} + W_{31} \times BC = 3WR \; i - 3WR \; j = V^C_{34} + V^C_{41} = V^C_{41}$$
$$V^C_{41} = V^D_{41} + W_{41} \times DC = V^D_{45} + V^D_{51} + W_{41} \times DC = V^D_{51} + W_{41} \times DC$$
$$= V^E_{51} + W_{51} \times ED + W_{41} \times DC = W_{5} . 3R \; i - W_{41} \; 3R \; j$$

Igualando tenemos:

$$W_{51} = W_{41} = W$$

Procedamos con las aceleraciones:

$$a^B_{31} = a^B_{NOR} + a^B_{TAG} = -(V^B_{31})^2/3R\,j + \alpha_{31}\,R\,i$$

$$a^C_{31} = a^B_{31} + a^{REL}_{BC} = a^B_{31} + \alpha_{31} \times BC - W^2_{31}\,BC$$

$$a^C_{31} = \cancel{a^C_{34}} + a^C_{41} + 2\,\cancel{W_{41}} \times V^C_{34} = a^C_{41}$$
$$= a^D_{41} + \alpha_{41} \times DC - W^2_{41}\cdot DC$$

$$a^D_{41} = \cancel{a^D_{45}} + a^D_{51} + 2\,W_{51} \times \cancel{V^D_{45}} = a^D_{51} = a^E_{51} - W^2_{51}\,ED + \alpha_{51} \times ED$$

Teniendo en cuenta que la aceleración angular α_{31} es conocida (dato del enunciado del problema, α), al sustituir nos quedan dos incógnitas (las respectivas velocidades angulares de las dos barras CD y DE).

$$-[(V^B_{31})^2/3R]\,j + \alpha R\,i - \alpha R\,j - W^2\cdot R\,i = W^2\cdot 3R\,j - \alpha_{51}3R\,i + \alpha_{41}3R\,j + W^2\,3R\,i$$

Como siempre, recordad que al inicio del problema, tomamos las aceleraciones angulares horarias. A menos que estén explícitamente indicados sus sentidos en los enunciados.

PROBLEMA 19

El mecanismo mostrado en la figura, es la boca de una pala de extracción de áridos. Su velocidad angular es W y su aceleración angular es α (ambas horarias). Hallar en el instante representado, la velocidad y la aceleración con la que se extiende el cilindro (hidráulico). Resolver mediante las expresiones del movimiento relativo.

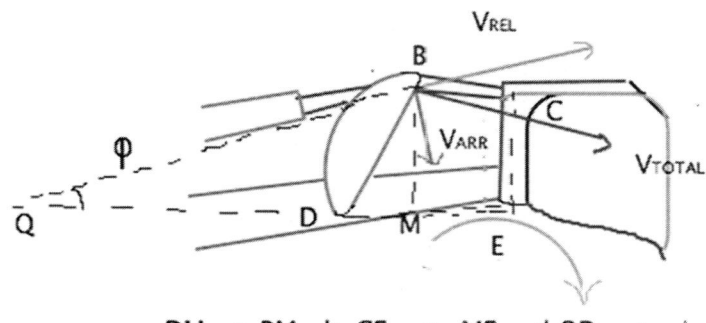

$DM = a.\ BM = b.\ CE = c.\ ME = d.\ QD = e.$

Apliquemos las expresiones citadas:

$$V_B = \cancel{V_D} + W_{DB} \times DB = W_{DB}\ k \times (a\,i + b\,j)$$
$$= -W_{DB}\ b\,i + W_{DB}\ .a\,j \qquad\qquad (\text{I})$$

$$V_B = V_C + W_{CB} \times CB = \cancel{V_E} + W \times EC + W_{CB} \times CB =$$
$$= W.c\,i + W_{CB}\ k \times (d, b-c)$$
$$= W.c\,i - W_{CB}\ d\,i + W_{CB}\ (b\text{-}c)\,j \qquad (\text{II})$$

Igualando (I) y (II) por componentes, tenemos las dos velocidades angulares W_{DB} y W_{CB}. Calculemos la aceleración absoluta de B (hemos de tener en cuenta que en este punto está el alargador telescópico del brazo hidráulico):

$$a_B = \cancel{a_D} - W^2_{BD}.\ DB + \alpha_{BD} \times DB = -W^2_{BD}\ (a,b) + \alpha_{BD}\ k \times (a, b)\ (\text{III})\ (\text{II}).$$
$$a_B = a_C - W^2_{CB}.\ CB + \alpha_{CB} \times CB$$
$$= a_C - W^2_{CB}(-d, b\text{-}c) + \alpha_{CB}\ k \times (-d, b\text{-}c) \qquad (\text{IV})$$
$$a_C = \cancel{a_E} - W^2.\ EC + \alpha.EC = -W^2\ (0, c) + \alpha\ (0, c)$$

Sustituyendo esta última en (IV) e igualando a (III), tenemos las aceleraciones angulares.

Apliquemos las expresiones del Movimiento Relativo, para calcular, la velocidad (y aceleración) RELATIVAS, del brazo telescópico.

$$V_{ABS} = V_{REL} + V_{ARR}$$

$$-W_{DB} b \, i + W_{DB} b \, j = V_{REL}(\cos\phi, \text{sen}\phi) + W_{QB} k \times (e+a, b)$$

De nuevo, hemos tomado la velocidad relativa, en la dirección de alargamiento (acortamiento) del brazo telescópico.

$$a_{ABS} = a_{REL} + a_{ARR} + a_{COR}$$

$$(III) = a_{REL}(\cos\phi, \text{sen}\phi) + \alpha_{QB} \times (e+a, b)$$
$$+ 2 W_{QB} \times V_{REL}(\cos\phi, \text{sen}\phi)$$

Suponemos conocido el primer miembro, porque todos los términos que aparecen en él han sido previamente calculados.

PROBLEMA 20

En el mecanismo de la figura, el disco rueda sin deslizar en el interior de la superficie circular (fija). La barra OA está girando con una velocidad angular constante W. Calcular la velocidad y la aceleración angular del disco, en el instante indicado.

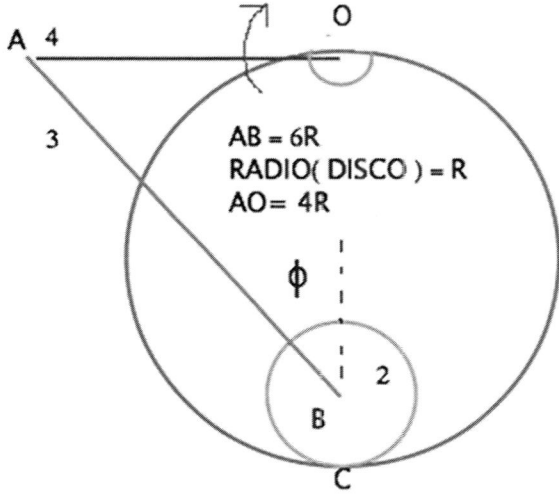

A 4

3

AB = 6R
RADIO(DISCO) = R
AO= 4R

ϕ

2

B

C

Vamos a obtener un dato geométrico importante y es ver dónde está el centro de la superficie fija.

Por lógica, estará a la mitad de la distancia entre O y C, luego:

$$OC = R + BO = R + 6R. \cos\phi$$

Entonces la superficie fija tendrá un radio de $(R + 6R. \cos\phi)/ 2$, y su centro dista de B (este dato será necesario en el cálculo de la aceleración centrípeta de B) $(R + 6R\cos\phi / 2) - R$.

Cálculo de la velocidad angular del disco (rueda y no desliza en C):

$$V^B_{21} = W_{21} \times CB = \{ - W_{21}. R \; i \} = V^B_{23} + V^B_{31} = V^B_{31}$$
$$V^B_{31} = V^A_{31} + W_{AB} \times AB = \{ WR \; j + W_{31} 6R(\cos\phi, \; sen\phi) \}$$
$$(V^A_{31} = V^A_{34} + V^A_{41} = V^A_{41} = V_O + W \times OA = WR \; j)$$

De nuevo resolviendo el sistema ($\{\} = \{\}$), podemos obtener la velocidad angular del disco y también de la barra (AB).

Con la aceleración procedemos igual:

$$a^B_{21} = \alpha_{21}R\ i + (V^B_{21})^2 / [\ [(R + 6R\cos\phi)\ /2\ ]- R\ ]\ j$$

$$a^B_{21} = a^B_{23} + a^B_{31} + 2\ W_{31}\ x\ V^B_{23} = a^B_{31}$$

$$a^B_{31} = a^A_{31} - W^2_{31}\ AB + \alpha_{31}\ x\ AB$$

$$a^A_{31} = a^A_{34} + a^A_{41} + 2\ W_{41}\ x\ V^A_{34} = a^A_{41} = a^O_{41} - W^2_{41}\ x\ OA$$

Sustituyendo tenemos:

$$\alpha_{21}R\ i + [(V^B_{21})^2 /\ \{[(\ R + 6R\cos\phi)/2]-R]]\ j\ =$$
$$W^2.\ 4R\ i - W^2_{31}\ 6R.\ (\ -\text{sen}\phi,\ \cos\phi) + \alpha_{31}6R\ (\cos\phi\ ,\ \text{sen}\phi)$$

Solo falta despejar.

PROBLEMA 21

En el mecanismo de la figura, la barra 3 gira con velocidad y aceleración angular, de valores W y α. Calcular la aceleración angular del disco, y la aceleración que el punto B (del disco 2) tomando una referencia en 3. Resolver por la notación de índices, en la base xy.

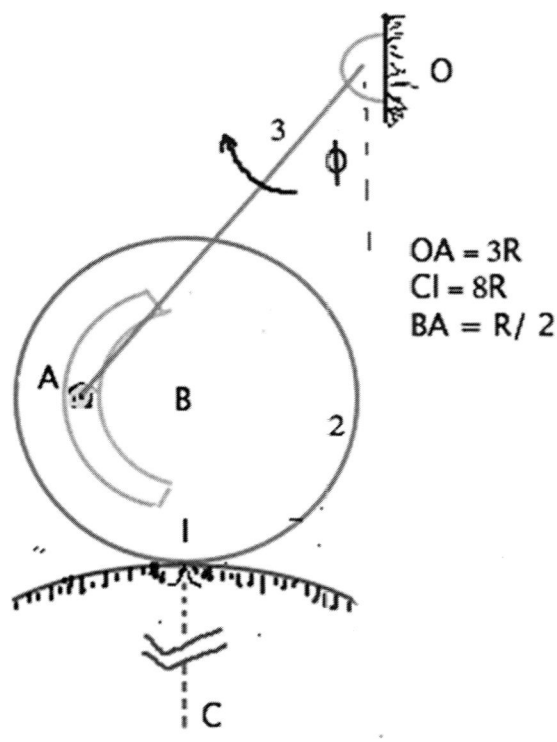

OA = 3R
CI = 8R
BA = R/ 2

En el gráfico, se ha escalado la distancia CI, con un corte en el trazo de la línea, de acuerdo a las normas DIN.

Procedamos como siempre:

$$V^A_{31} = V^A_{32} + V^A_{21}$$

$$W\,3\,R\,(-\cos\phi, \operatorname{sen}\phi) = V^A_{32}\, j - W_{21}\, R\, i - W_{21}.\, R/2\, j$$

Al igualar las primeras componentes, tenemos directamente la velocidad angular del disco (y la relativa de A):

$$W_{21} = 3.\ W.\cos\phi; \quad V^A{}_{32} = (3\ W\ R/\ 2)\ (\ 2\mathrm{sen}\phi + \cos\phi\ ) \qquad (I)$$

Apliquemos la cinemática a las aceleraciones:

$$a^A{}_{31} = a^A{}_{32} + a^A{}_{21} + 2\ W_{21}\ x\ V^A{}_{32}$$

$$a^A{}_{31} = \cancel{a_O} + \alpha_{31}\ x\ OA - W^2{}_{31}\ OA =$$
$$= \alpha 3R(\ -\cos\phi,\ \mathrm{sen}\phi\ ) - W^2 3R(\ \mathrm{sen}\phi,\ \cos\phi\ ) \qquad (\ II\ )$$
$$a^A{}_{32} = a^A{}_{32}\ j + (V^A{}_{32})^2\ /\ R/2\ i$$

$$a^A{}_{21} = a^B{}_{21} - W^2{}_{21}\ .BA + \alpha_{21}\ x\ BA$$

$$a^A{}_{21} = -\ (V^B{}_{21}\ )^2/\ 9R\ j\ + \alpha_{221}R\ i + (\ V^A{}_{21})^2\ /(\ R/2)i + \alpha_{21}R\ j$$

$$2W_{21}\ x\ V^A{}_{32} = 2.\ (\ 3W\ \cos\phi\ )\ k\ x\ [\ (3WR/2)(\ 2\mathrm{sen}\phi + \cos\phi)\ ]\ j$$

Para el último apartado ($a^B{}_{23}$), más de lo mismo:

$$a^B{}_{21} = a^B{}_{23} + a^B{}_{31} + 2\ W_{31}\ x\ V^B{}_{23} \qquad (\ IV\ )$$

Necesitamos $V^B{}_{23}$. Esto es :

$$V^B{}_{23} = V^B{}_{21} - V^B{}_{31} = -\ W_{21}.\ R\ i - W_{31}\ x\ OB$$

En este último término, aplicando geometría:

$$OB = -\ (3R\mathrm{sen}\phi - R/2)\ i - 3R\cos\phi\ j \quad y \quad (\ W_{31} = -\ W\ k\ )$$

$$a^B{}_{21} = -\ (\ V^B{}_{21})^2\ /\ 9R\ j + \alpha_{21}\ R\ i$$

$$a^B{}_{31} = a^A{}_{31} + a_{AB} = (\ II\ ) - W^2{}_{31}\ R/2\ i + \alpha_{31}\ x\ (R/2\ i\ )$$

Sustituimos en (IV) y calculamos.

PROBLEMA 22

En el mecanismo de la figura, dibujar de forma aproximada los CIR (y obtener los que faltan) y calcular la velocidad y la aceleración del centro del disco, sabiendo que la deslizadera A, se mueve de izquierda a derecha a una velocidad constante V. Calcular también el radio de curvatura del punto B.

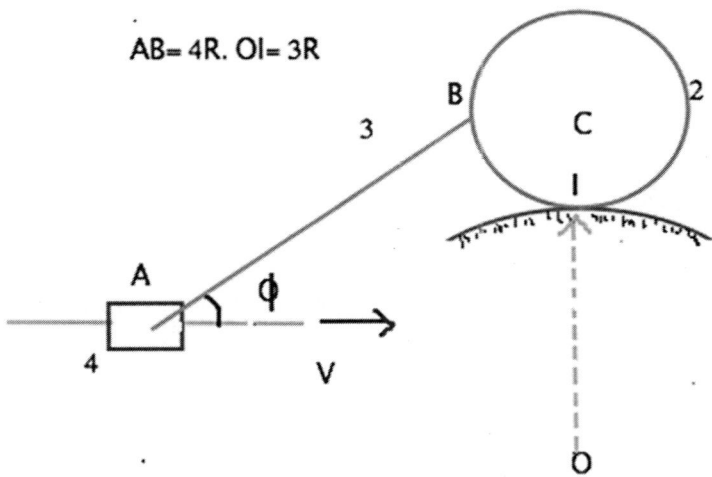

AB= 4R. OI= 3R

Como siempre, resolvemos las relaciones cinemáticas en la base XY.

En la figura vemos el cálculo gráfico de los CIR, que nos restaban (aparte de los que son de inmediato reconocimiento).

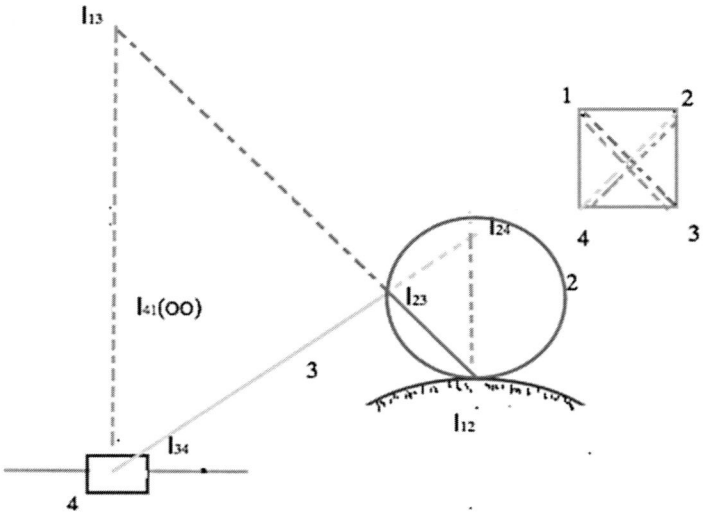

Como siempre partimos del polígono auxiliar (derecha de la figura) y combinamos los elementos, de dos en dos (hay cuatro, contando la bancada-fija), luego, tenemos que localizar 6 CIRS.

$$C_N^2 = N.(N-1)/2 = 4.3/2 = 6.$$

Siguiendo la explicación en las páginas de teoría, encontramos los inmediatos ($I_{12,}$ $I_{23,}$ I_{34} I_{41}(OO)).Y vamos buscando la intersección entre pares de rectas. Esto es:

$$I_{13} = \text{Recta}[\, I_{12} - I_{23}\,] \cap [I_{14}I_{43}]$$

Para el análisis cinemático, como siempre:

$V_{31}^B = V_{31}^A + W_{31} \times AB$ (I)

$V_{31}^B = V_{32}^B + V_{21}^B = V_{21}^B = V_{21}^C + W_{21} \times CB = -W_{21}Ri - W_{21}R\,j$

$(V_{21}^C = \cancel{X} + W_{21} \times IC = -W_{21}\,\bar{R}\,i)$

$V_{31}^A = V_{34}^A + V_{41}^A = V_{41}^A = V\,i$

Sustituyendo en (I) :

$$V\,i + W_{31}4R\,(-\text{sen}\phi\,,\cos\phi) = -W_{21}\,R\,(i+j)$$
$$V - W_{31}.4R.\,\text{sen}\phi = -W_{21}R$$
$$W_{31}\,4R.\,\cos\phi = -W_{21}.R$$

$$W_{31} = -(V/R)/\,[1 + tag\phi]\,.k \quad ; \quad W_{21} = 4(V/R).cos\phi\,/\,[\,1 + tag\phi]k$$

$$a^B_{31} = \cancel{a^B_{32}} + a^B_{21} + 2\,W_{21}\,x\,\cancel{V_{32}} = a^B_{21} = a^C_{21} - W^2_{21}\,CB + \alpha_{21}CB$$
$$a^C_{21} = -\,(\,V^C_{21})\,/\,4R\,j + \alpha_{21}R\,i$$

Por el otro «lazo» (3/4/1):

$$a^B_{31} = a^A_{31} - W^2_{31}\,AB + \alpha_{31}\,x\,AB = -W^2_{31}4R\,(-cos\phi, -\,sen\phi\,)$$
$$+\alpha_{31}4R\,(-\,sen\phi, cos\phi\,)$$

$$(a^A_{31} = a^A_{34} + a^A_{41} + 2\,W_{41}\,x\,V^A_{34} = 0)$$

Para el último cálculo (centro de curvatura del punto B), partimos de la velocidad y de la aceleración de B:

$$V^B_{21} = -\,W_{21}R\,(\,i + j\,)$$

Un vector unitario en la dirección de la tangente (la de la velocidad y de la aceleración tangencial) es:

$$U_{TAG} = V^B_{21}\,/\,V^B_{21} = -\,(\,i + j\,)/\,(2\,)^{1/2}$$

Y si multiplicamos la aceleración total de B por este vector unitario, tendremos la aceleración tangencial:

$$a^B_{21}\,.\,U_{TAG} = a^{B,TAG}_{21} \quad (\,\text{MÓDULO}\,)$$
$$\downarrow$$
$$a^{B,TAG}_{21} = [\,a^B_{21} - U_{TAG}]\,.U_{TAG} = [\ldots\ldots].\,(V^B_{21}\,/\,V^B_{21})$$

Pero:

$$a^B_{21} = a^{B,TAG}_{21} + a^{B,NOR}_{21}$$

$$a^{B,NOR}_{21} = a^B_{21} - a^{B,TAG}_{21}$$

Y ya tenemos la normal. Como tenemos el vector velocidad, podemos calcular el radio de curvatura:

$$BB_O = R_{CURV}\,(\,O\,) = (V^B_{21})^2\,/\,a^{B,NOR}_{21}$$

PROBLEMA 23

En el mecanismo de la figura, calcular la velocidad y la aceleración del punto B de la guía horizontal, en el instante representado. Calcular también las coordenadas del centro de curvatura del punto C.

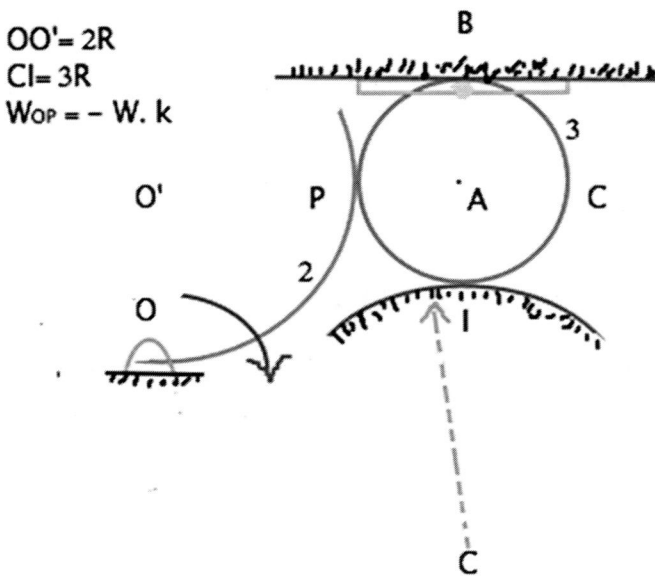

$OO' = 2R$
$CI = 3R$
$W_{OP} = -W.k$

Procedemos como siempre. Tomamos «lazos» diferentes, tratando de relacionar las velocidades de los puntos, en los diferentes eslabones.

$$V^A_{31} = V^A_{32} + V^A_{21}$$

$$-W_{31}R\, i = W_{32}\, R\, j + W_{21}\, 2R\, i - W_{21}3R\, j$$
$$= \quad " \quad + W.2R\, i - W.\, 3R\, j$$

Es decir:

$$W_{31} = -2\,W \qquad ; \qquad W_{32} = 3\,W$$

Luego:

$$V^B_{31} = V^A_{31} + W_{31} \times AB = 2WR\ i + 2WR\ i = 4WR\ i$$
$$V^C_{31} = V^A_{31} + W_{31} \times AC = 2WR\ i - 2WR\ j$$

Hemos calculado la velocidad en el punto C, porque nos hará falta para el cálculo del radio de curvatura de dicho punto (CC_O).

Con las aceleraciones tenemos:

$$a^A_{31} = a^A_{32} + a^A_{21} + 2W_{21} \times V_{32} \tag{I}$$

$$a^A_{31} = a_i - W^2_{31}\ IA + \alpha_{31} \times IA = -W^{REL}_{31} \times V^{SUC}_i - W^2_{31}IA + \alpha_{31} \times IA$$

Con:

$$a_i = -[W^2_{31}\ 3R.\ R/\ (3R + R)]\ j$$

Es más fácil de la forma siguiente (se pueden realizar los cálculos y da exactamente igual):

$$a^A_{31} = -[(V^A_{31})^2\ /\ (R + 3R)]\ j + \alpha_{31}\ R\ i$$

Con los demás términos:

$$a^A_{32} = -[(V^A_{32})^2\ /\ (R + 2R)]\ i - \alpha_{32}\ R\ j$$

$$a^A_{21} = -W_{21}^2\ 2R\ j - W_{21}^2.\ 3R\ j = -W^2\ 2R\ j - W^2\ 3R\ i$$
$$(\alpha_{21} = 0,\ \text{ya que } W_{21}\ \text{es constante})$$

$$2W_{21} \times V^A_{32} = 2\ (-W\ k) \times (3W\ R\ j)$$

Sustituimos en **(I)** y resolvemos (calculamos las dos aceleraciones angulares (α_{32} y α_{31})).

La aceleración de B se puede calcular, usando (I), sin más que relacionar a^a_{31}, con B:

$$a^A_{31} = a^B_{31} - W_{31}^2.\ BA + \alpha_{31\ x}\ BA$$

Análogamente para C:

$$a^A_{31} = a^C_{31} - W_{31}^2 . CA + \alpha_{31} \times CA$$

Ya tenemos la velocidad de C, su aceleración, y procedemos igual que en el último cálculo del PROBLEMA 27 (con el fin de calcular la aceleración normal). De forma sucinta:

a. $U_{TAG} = V^C_{31} / V^C_{31}$

b. $a^{C,TAG}_{31} = (a^C_{31} . U_{TAG}) . U_{TAG}$

c. $a^{C,NOR}_{31} = a^C_{31} - a^{C,TAG}_{31}$

PROBLEMA 24

En el mecanismo de la figura, todos los discos ruedan sin deslizar, y los datos de «ENTRADA», son la velocidad y aceleración angular del disco 2 (W y α). Calcular las velocidades y aceleraciones angulares de los discos y de las barras restantes.

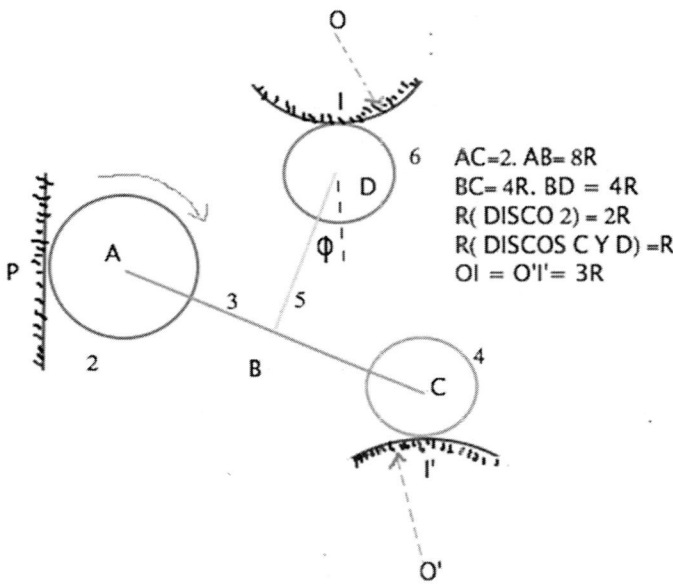

AC=2. AB= 8R
BC= 4R. BD = 4R
R(DISCO 2) = 2R
R(DISCOS C Y D) =R
OI = O'I'= 3R

Procedemos como siempre:

$$V^A_{21} = W_{21} \times PA = -W_{21} R j \quad (V_P = 0)$$
$$= V^A_{23} + V^A_{31} = V^A_{31}$$

$$V^C_{31} = V^A_{31} + W_{31} \times AC = -W_{21}R j + W_{31}.8R (sen\phi, cos\phi)$$
$$= V^C_{34} + V^C_{41} = V^C_{41} = V_{I'} - W_{41} \times I'C = -W_{41} R i$$

Despejando tenemos las velocidades angulares W_{41} Y W_{31} (ya que W_{21} es dato del problema, W). [P. ej. $W_{31} = W / (8. cos\phi)$]

Tomando otro de los «lazos» (3, 5, 6) o (3/5/6):

$$V^B{}_{31} = V^A{}_{31} + W_{31} \times AB = - W R j + W_{31}4R (\operatorname{sen}\phi, \cos\phi) \qquad (I)$$
$$= V^B{}_{35} + V^B{}_{51} = V^B{}_{51} = V^D{}_{51} + W_{51} \times DB =$$
$$= W_{61}R i + W_{51}4R (\cos\phi, -\operatorname{sen}\phi) \qquad (II)$$
$$(V^D{}_{51} = V^D{}_{56} + V^D{}_{61} = V^D{}_{61} = V_1 + W_{61} \times ID = W_{61} R i)$$

Despejando, tenemos tanto W_{51} como W_{61} (igualando (I) y (II))

Con las aceleraciones igual:

$$a^C{}_{31} = a^A{}_{31} - W_{31}{}^2 AC + \alpha_{31} \times AC$$
$$= -\alpha_{21}R j + W_{31}{}^2 8R (-\cos\phi, \operatorname{sen}\phi) + \alpha_{31} 8R (-\operatorname{sen}\phi, -\cos\phi)$$
$$(a^A{}_{21} = a^A{}_{32} + a^A{}_{31} + 2 W_{31} \times V^A{}_{32} = a^A{}_{31} = -\alpha_{21} R j)$$

$$a^C{}_{31} = a^C{}_{34} + a^C{}_{41} + 2 W_{41} \times V^C{}_{34} = a^C{}_{41} = -[(V^C{}_{41})^2 / 4R] j + \alpha_{41}R i$$

Igualamos y tenemos las aceleraciones angulares α_{31} y α_{41}.

$$a^B{}_{31} = a^A{}_{31} - W_{31}{}^2. AB + \alpha_{31} \times AB =$$
$$= -\alpha_{21}R j - W_{31}{}^2 4R(-\cos\phi.\operatorname{sen}\phi) + \alpha_{31}4R(\operatorname{sen}\phi, \cos\phi) \qquad (III)$$
$$= a^B{}_{35} + a^B{}_{51} + 2W_{51} \times V^B{}_{35}$$
$$= a^B{}_{51} = a^D{}_{51} - W_{51}{}^2.DB + \alpha_{51} \times DB$$
$$= +[(V^D{}_{61})^2 /4R)]j - \alpha_{61}R i$$
$$- W_{51}{}^2 4R(\operatorname{sen}\phi, \cos\phi)$$
$$+ \alpha_{51}R(\cos\phi, -\operatorname{sen}\phi)$$

En la expresión anterior (IV) hemos sustituido el valor de $a^D{}_{51}$, que se obtiene de la forma:

$$a^D{}_{51} = a^D{}_{56} + a^D{}_{61} + 2 W_{61} \times V^D{}_{56}$$

$$= a^D{}_{61} = + [(V^D{}_{61})^2 / 4R)] j - \alpha_{61} R i)$$

Igualando (III) y (IV), tenemos las aceleraciones angulares que faltan.

PROBLEMA 25

En el mecanismo de la figura, calcular las aceleraciones angulares de la barra 3, barra 5 y del disco 6.

DATOS. Conocemos la velocidad del eslabón 2, así como la velocidad y la aceleración angular del eslabón 5.

Tomar $V^A_{21} = W R = V$.

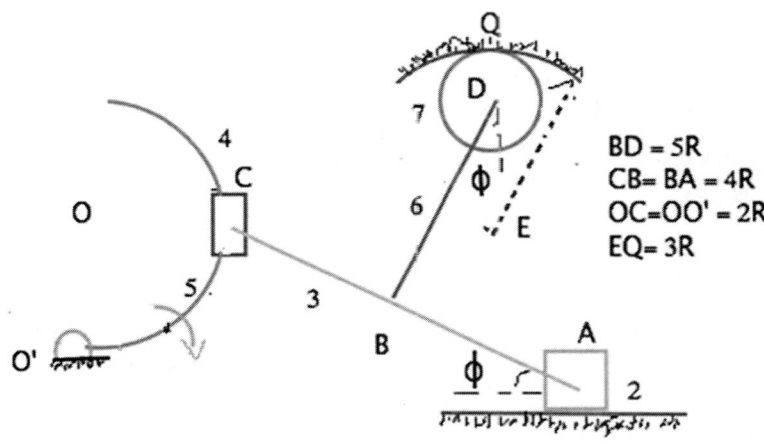

$BD = 5R$
$CB = BA = 4R$
$OC = OO' = 2R$
$EQ = 3R$

DATOS. $V^A_{21} = -V i$. $W_{51} = - W k$. $\alpha_{51} = - \alpha k$

Apliquemos, como siempre, las relaciones cinemáticas (lazo 2, 3, 4):

$$V^A_{21} = -Vi = V^A_{23} + V^A_{31} = V^A_{31} = V^C_{31} + W_{31} \times CA$$

$$V^C_{31} = V^C_{34} + V^C_{41} = V^C_{41} = V^C_{45} + V^C_{51} = V^C_{45} j + W_{51} \times O'C$$
$$= V^C_{45} j + W2R i - W2R j$$

$$-V i = V^C_{45} j + W2R (1, -1) + W_{31} 8R (- sen\phi, - cos\phi)$$
$$-V = - WR = W2R - W_{31} 8R \ sen\phi \quad |$$
$$0 = V^C_{45} - W2R - W_{31} 8R \ cos\phi \quad |$$

$$(W_{31} = 3W / 8 \ sen\phi \quad . \quad V^C_{45} = WR(2 + 3. \ cotag \ \phi))$$

Ahora iniciamos cálculos con el lazo (3, 6, 7):

$$V^B_{31} = V^A_{31} + W_{31} \times AB = - WRi + (3W / 8 \,\text{sen}\phi) \, 4R (- \text{sen}\phi, -\cos\phi)$$
$$= (-5/2 \, WR, - (3 \, WR/2).\,\text{cotag}\phi)$$

$$V^B_{31} = V^B_{36} + V^B_{61} = V^B_{61} = V^D_{61} + W_{61} \times DB$$

$$V^D_{61} = V^D_{67} + V^D_{71} = V^D_{71} = V_Q + W_{71} \times QD = W_{71} \times QD$$

$$(- 5/2 \, WR, - (3WR/2).\,\text{cotag}\phi) = W_{71}R \, \mathbf{i} + W_{61} 5R (\cos\phi, - \text{sen}\phi)$$

$$-5/2 WR = W_{71} R + W_{61} 5R \cos\phi$$
$$-3/2 \, WR . \,\text{cotag}\phi = - W_{61}.5R. \,\text{sen}\phi \quad \Big| \quad W_{71} \,, \, W_{61}$$

Iniciamos de nuevo en el primer lazo el cálculo de las aceleraciones angulares:

$$a^A_{21} = 0 = \cancel{a^A_{23}} + a^A_{31} + 2 \cancel{W_{31}} \times V^A_{23} = a^A_{31}$$

$$a^C_{31} = \cancel{a^A_{31}} - W^2_{31} AC + \alpha_{31} \times AC = -W^2_{31} 8R (\cos\phi, - \text{sen}\phi)$$
$$+ \alpha_{31} 8R (\text{sen}\phi, \cos\phi)$$

$$a^C_{31} = \cancel{a^C_{34}} + a^C_{41} + 2 \cancel{W_{41}} \times V^C_{34} = a^C_{41}$$

$$a^C_{41} = a^C_{45} + a_{51}{}^C + 2 W_{51} \times V^C_{45} = -W^2_{31} 8R (\cos\phi.-\text{sen}\phi)$$
$$+ \alpha_{31} 8R (\text{sen}\phi, \cos\phi)$$

$$a^C_{45} = - (V^C_{45})^2 / 2R \, \mathbf{i} + \alpha_{45} \times OC = - [(V^C_{45})^2 / 2R] \, \mathbf{i} - \alpha_{45} 2R \, \mathbf{j}$$

$$a^C_{51} = - W^2 O'C + \alpha_{51} \times O'C = W^2 2R(-1, -1) + \alpha 2R(1, -1)$$

$$2W_{51} \times V^C_{45} = 2. W (-k) \times [WR(2 + 3 \,\text{cotag}\phi)] \, \mathbf{j}$$

Igualando componente a componente, calculamos las aceleraciones angulares α_{31} y α_{45}. En lo que resta de los cálculos sin resolver el sistema anterior, vamos a suponer que ambas van en el sentido $-\mathbf{k}$. Si el lector, al resolverlo, ve que su sentido es opuesto (+$\mathbf{k}$), solo tendrá que tener esto presente, en los productos vectoriales en los que aparezcan.

De nuevo, vamos por el otro lazo, desde B:

$$a^B_{31} = a^A_{31} - W^2_{31} \cdot AB + \alpha_{31} \times AB = \{W^2_{31}4R(\cos\phi, -\operatorname{sen}\phi)$$
$$+ \alpha_{31}4R (\operatorname{sen}\phi, \cos\phi)\}$$

$$a^B_{31} = a^B_{36} + a^B_{61} + 2W_{51} \times V^B_{36} = a^B_{61} = a^D_{61} - W^2_{61}DB + \alpha_{61} \times DB$$

$$= a^D_{61} + W^2_{61} 5R (\operatorname{sen}\phi, \cos\phi) + \alpha_{61}5R(-\cos\phi, \operatorname{sen}\phi)$$

$$a^D_{61} = a^A_{67} + a^D_{71} + 2W_{71} \times V^D_{67} = -(V^D_{71})^2/2R \, j - \alpha_{71}R \, i$$

Con: $V^D_{71} = W_{71} \cdot R$., igualamos componente a componente y calculamos las dos aceleraciones angulares desconocidas (α_{61} y α_{71}).

PROBLEMA 26

En el mecanismo de la figura, calcular la velocidad y la aceleración angular de la barra AB. El disco de la figura rueda y no desliza.

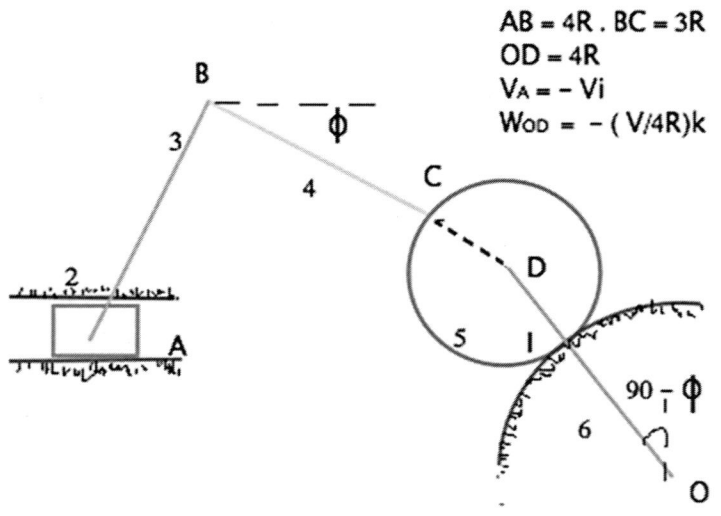

$AB = 4R \cdot BC = 3R$
$OD = 4R$
$V_A = -Vi$
$W_{OD} = -(V/4R)k$

Iniciamos el problema por el lazo (2, 3, 4):

$$V^A_{21} = -V\,i = V^A_{23} + V^A_{31} = V^A_{31} = V^B_{31} + W_{31}x\,BA \tag{I}$$

$$V^B_{31} = V^B_{34} + V^B_{41} = V^B_{41} = V^C_{41} + W_{41}\times CB \tag{II}$$

$$V^C_{41} = V^C_{45} + V^C_{51} = V^C_{51} = V^D_{51} + W_{51}\times DC \tag{III}$$

$$V^D_{51} = V^D_{56} + V^D_{61} = V^D_{61} = V_o + W_{61}\times OD \tag{IV}$$

$W_{61}\times OD = W_{51}\times ID$ (RODADURA SIN DESLIZAMIENTO)

De esta última tenemos:

$$W_{61} \cdot 4R = (V/4R)\cdot 4R = W_{51}\,R \quad (\text{con} \quad W_{51} = W_{51}\,(-k\,))$$

$$W_{51} = V/R$$

Sustituyendo en (I) tenemos:

$$- V \, i = W_{31} . \, 3R \, (\cos\phi, \, - \text{sen}\phi \,) + W_{41} 3R(\, - \text{sen}\phi, \, - \cos\phi \,)$$
$$+ W_{51} . \, R(\, \text{sen}\phi, \, \cos\phi \,) + W_{61} . 4R \, (\text{sen}\phi, \, \cos\phi \,)$$

Con: $\qquad W_{51} = V / R \qquad Y \qquad W_{61} = W_{OD} = V / 4R \; .$

Sistema en el que, al igualar componentes, tenemos las velocidades angulares W_{31} y W_{41}.

De nuevo para las aceleraciones, iniciamos por el mismo lazo:

$$a^A_{21} = 0 = a^A_{23} + a^A_{31} + 2W_{31} \, x V^A_{23} = a^A_{31}$$

$$a^B_{31} = a^A_{31} - W_{31}^2 . AB + \alpha_{31} \, x \, AB = W_{31}^2 4R(- \text{sen}\phi. \, -\cos\phi)$$
$$+ \alpha_{31} 4R \, (\cos\phi, \, - \text{sen}\phi)$$

$$a^B_{31} = a^B_{34} + a^B_{41} + 2W_{41} \, x \, V^B_{34} = a^B_{41} = a^C_{41} - W^2_{41} \, CB + \alpha_{41} x \, CB$$
$$= a^C_{41} + W^2_{41} \, 3R \, (\cos\phi, \, - \text{sen}\phi) + \alpha_{41} 3R(\, \text{sen}\phi, \, \cos\phi) \qquad (V)$$

$$a^C_{41} = a^C_{45} + a^C_{51} + 2W_{51} \, x \, V^C_{45} = a^C_{51}$$

$$a^C_{51} = a^D_{51} - W^2_{51} . \, DC + \alpha_{51} \, x \, DC =$$
$$= a^D_{51} + W^2_{51} R \, (\cos\phi, \, - \text{sen}\phi \,) + \alpha_{51} \, R(\, \text{sen}\phi, \, \cos\phi \,)$$

$$a^D_{51} = a^D_{56} + a^D_{61} + 2W_{61} \, x \, V^D_{56} = a_O - W^2_{61} . OD + \alpha_{61} x \, OD$$
$$= (V^2 / 4R \,) \, (\cos\phi, \, - \text{sen}\phi \,) \qquad (VI)$$

Ya que la barra OD gira a velocidad angular constante.
Además:

$$a^D = a_I - W^2_{51} ID + \alpha_{51} \, x \, ID = -W^{REL} \, x \, V_{SUC} - W^2_{51} . ID + \alpha_{51} \, xID$$
$$= V^2 / 4R \, (\cos\phi, \, - \text{sen}\phi \,) + \alpha_{51} \, x \, ID$$

Por lo que $\alpha_{51} = 0$, al igualar esta última expresión y (VI). Solo queda sustituir los términos calculados en (V) y tendremos las dos aceleraciones angulares que faltaban.

PROBLEMA 27

En el mecanismo de la figura, OC gira con velocidad y aceleración angular (W, α) conocidas (sentido contrario al de las agujas
del reloj). Calcular la velocidad y la aceleración angular del disco,
en el instante representado.

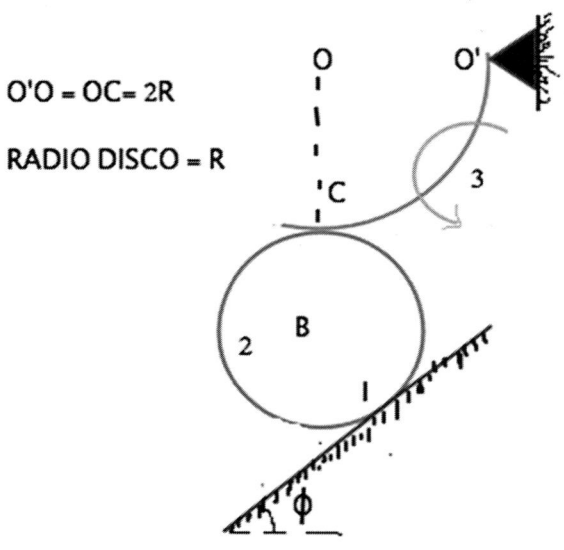

O'O = OC= 2R

RADIO DISCO = R

Condición cinemática para el centro del disco:

$V^B_{21} = V^B_{23} + V^B_{31}$

$V^B_{21} = V_I + W_{21} \times IB = W_{21} R \ (-\cos\phi , - \text{sen}\phi)$

$V^B_{23} = W_{23} R \ i = V^B_{23} \ i$

$V^B_{31} = V_{0'} + W_{31} \times O'B = -W_{31} 2R \ j + W_{31} 3R \ i = WR \ (3, -2)$

$-W_{21} R \cos\phi = W_{23} R + W3R$ $\quad\Big|\quad$ $W_{21} = 2W / \text{sen}\phi$

$-W_{21} R \ \text{sen}\phi = - W2R$ $\quad\Big|\quad$ $W_{23} = - W \ (1/ 3 + 2 \cotag\phi/ 3)$

Con las aceleraciones igual. Partiendo del punto B, y teniendo cuidado, con las referencias correspondientes, a los movimientos relativos y de arrastre:

$$a^B_{21} = a^B_{23} + a^B_{31} + 2W_{31} \times V'^B_{23}$$

$$a^B_{21} = + \alpha_{21} R (\cos\phi, \sin\phi)$$

$$a^B_{23} = (V^B_{23})^2 / 3R \, j - \alpha_{23} \, R \, i$$

$$a^B_{31} = W_{31}^2 . 2R \, i + W^2_{31} . 3R \, j + \alpha_{31} \, R (3, -2)$$

$$2W_{31} \times V^B_{23} = 2 (W \, k) \times (W_{23} \, R (- i))$$

Descomponiendo, tenemos las aceleraciones angulares.

PROBLEMA 28

En el mecanismo de la figura, los eslabones 2 y 5 tienen velocidades V (conocida) y V' (desconocida) (ambos con movimiento de traslación pura). El eslabón 2, además, tiene aceleración (a i), pero es desconocida. Calcular la aceleración angular del eslabón 3 y la aceleración del eslabón 2. El disco rueda y no desliza.

PA= R. ML= R/2
CO= 5R/4. AB= R
V_M = Vi . C'P= 2R

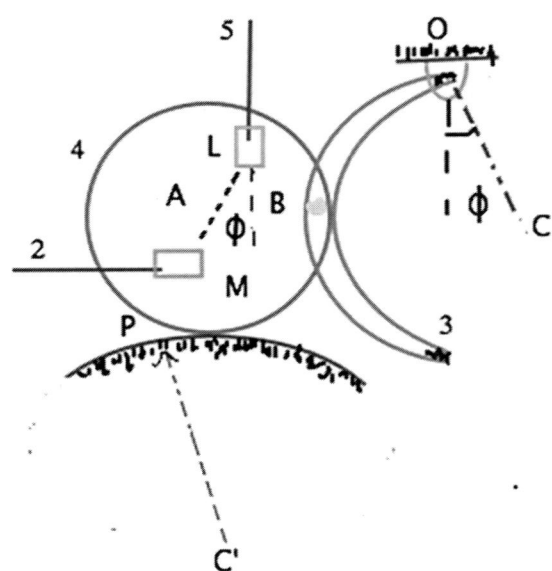

Aplicamos las ecuaciones cinemáticas al punto B entre el eslabón 4 y el 3:

$$V^B_{41} = V^B_{43} + V^B_{31}$$

$$V^B_{31} = V_O + W_{31} \times OB = W_{31}\ k \times\ (-\,(5R/4 - 5R/4\ sen\phi),\ -5R4\ cos\ \phi\ )$$

$$V^B_{43} = V^B_{43}\ j$$

132

$$V^B_{41} = V^A_{41} + V(A/B) = -W_{41}R\, i + W_{41}R\, j$$

Hemos tenido en cuenta el dato del enunciado (disco sin velocidad angular). Por tanto:

$$W_{31}.\, 5R/4.\, \cos\phi = -W_{41}R \qquad\Big|$$

$$-W_{31}5R/4(1 - \operatorname{sen}\phi) = V^3_{43} + W_{41}R \qquad\Big|$$

Pero podemos relacionar los dos eslabones M y L:

$$V^M = V^L + W_{41} \times LM \quad , \quad V\,I = V'_j + W_{41}\, R/2(\operatorname{sen}\phi, -\cos\phi)$$

$$V = W_{41}.R/2\, \operatorname{sen}\phi \qquad\Big|$$

$$0 = V' - W_{41}.\, R/2.\, \cos\phi \qquad\Big|$$

Y de aquí calcular la velocidad del eslabón 5, y W_{41} (la velocidad angular del disco).

Con las aceleraciones:

$$a^B_{41} = a^B_{43} + a^B_{31} + 2\,W_{31} \times V^B_{43} \tag{I}$$

$$a^B_{31} = \cancel{a} - W^2_{31}\, OB + \alpha_{31} \times OB =$$
$$= W^2_{31}[(5R/4(1-\operatorname{sen}\phi), 5R/4\cos\phi] + \alpha_{31}\, 5R/4\cos\phi\, i$$
$$-\alpha_{31}\, 5R/4/(1 - \operatorname{sen}\phi)\, j$$

$$a^B_{43} = a^{B,TAG}_{43}\, j + [(V^B_{43})^2 /(5R/4)]\, I$$

$$a^B_{41} = a^A_{41} - W^2_{41}\, AB + \alpha \times AB =$$
$$= -(V^A_{41})^2 / 3R\, j - \alpha_{41}R\, i - W^2_{41}R\, i + \alpha_{41}R\, j$$

Al introducir todos los términos anteriores en (I), tenemos descomponiendo en componentes, tres incógnitas. A saber: W_{41}, $a^{B,TAG}_{43}$ y α_{31}. Necesitamos conocer alguna de ellas para poder obtener las restantes. Y esto lo podemos obtener al relacionar las aceleraciones de los puntos M y L.

$$a^M{}_{41} = a^L{}_{41} - W^2{}_{41}ML + \alpha_{41} \times ML$$

$$a \; i = 0 + W^2{}_{41}R/2(\; \operatorname{sen}\phi \;, \cos\phi) + \alpha_{41}R/2(\; \cos\phi, \; - \operatorname{sen}\phi)$$

Igualando tenemos:

$$a = W^2{}_{41} \; R/2 \; \operatorname{sen}\phi + \alpha_{41}R/2 \; \cos\phi \quad \Big|$$

$$0 = W^2{}_{41}R/2 \; \cos\phi - \alpha_{41}R/2\operatorname{sen}\phi \quad \Big|$$

Y calculamos a (del eslabón 2) y W_{41}, que podemos usar en el sistema anterior, para calcular las incógnitas restantes.

PROBLEMA 29

En el mecanismo de la figura, la barra CD gira con una velocidad angular constante W, en sentido horario. Calcular la velocidad y aceleración del disco (rodadura pura con el suelo de la bancada).

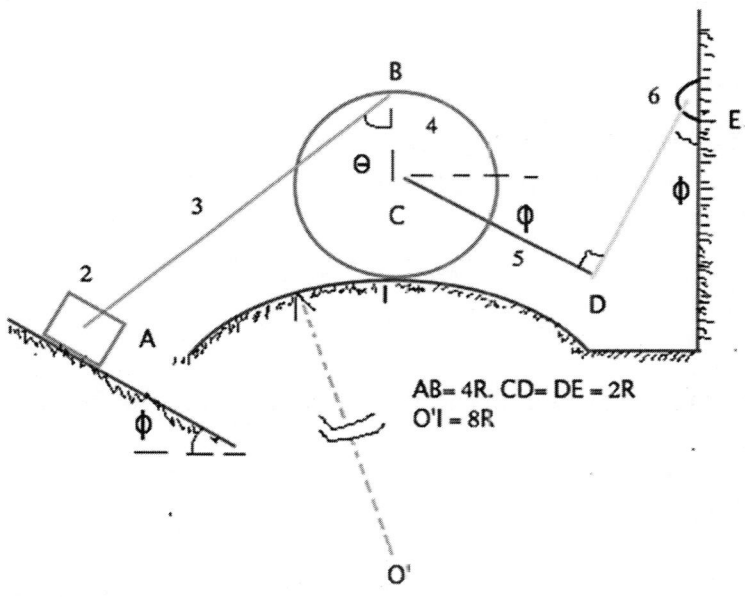

AB= 4R. CD= DE = 2R
O'I = 8R

Como tenemos datos del lazo (4, 5, 6), iniciamos ahí la resolución del problema:

$$V^D_{61} = \cancel{V_E} + W_{61} \times ED = \cancel{V^D_{65}} + V^D_{51} = V^C_{51} + W_{51} \times CD$$

$$V^C_{51} = \cancel{V^C_{54}} + V^C_{41} = -W_{41} R \, i$$

$$W_{61} 2R \, (- \cos\phi, \, \text{sen}\phi \,) = - W_{41} R \, i + W. \, 2R \, (-\text{sen}\phi, \, -\cos\phi \,)$$

$$-W_{61} 2R\cos\phi = -W_{41} R - W. \, 2R.\text{sen}\phi \qquad \Big|$$

$$W_{61} 2R\,\text{sen}\phi = -W.2R.\cos\phi \qquad \Big|$$

$$W_{61} = -W.\text{cotag}\phi$$

$$W_{41} = -2W/\text{sen}\phi$$

Ahora continuamos con el lazo (2, 3, 4) y resolveremos todo lo correspondiente a las velocidades angulares:

$$V^A_{21} = V^A_{31} = V(\cos\phi, -\text{sen}\phi) = V^B_{31} + W_{31} \times BA = V^B_{41} + W_{31} \times BA$$

$$V^B_{41} = 2\,W_{41}R\,I$$

En esta última expresión, ya hemos usado la velocidad angular del disco en su sentido correcto (el de las agujas del reloj).

$$V\cos\phi = 2W_{41}\,R + W_{31}4R\cos\theta \quad \Big|$$

$$-V\,\text{sen}\phi = -W_{31}4R.\,\text{sen}\theta \quad \Big|$$

De ambas ecuaciones tenemos las incógnitas buscadas, V y W_{31}.

Procedemos de nuevo, con el lazo (4,5,6) para el cálculo de las aceleraciones:

$$a^D_{61} = \cancel{a} - W^2_{61}\,ED + \alpha_{61} \times ED = W^2_{61}2R\,(\text{sen}\phi, \cos\phi) + \alpha_{61}\,2R(-\cos\phi, \text{sen}\phi)$$

En este último término hemos tomado la aceleración angular (*a priori*) en la dirección **−k**.

$$a^D_{61} = a^D_{51} = a^C_{51} - W^2_{51}\,CD + \cancel{\alpha_{51}} \times CD$$
$$= a^C_{41} + W^2_{51}2R\,(-\cos\phi, \text{sen}\phi)$$

Del enunciado, la última aceleración angular es cero(«...la barra CD gira con velocidad angular constante..»). Así nos queda:

$$-[(V^C_{41})^2/9R]\,\mathbf{j} + \alpha_{41}\,R\,\mathbf{i} + W^2_{51}2R(-\cos\phi, \text{sen}\phi)$$
$$= W^2_{61}2R(\text{sen}\phi, \cos\phi) + \alpha_{61}2R(-\cos\phi, \text{sen}\phi)$$

Descomponiendo

$$\alpha_{41} R - W^2_{51} \, 2R \cos\phi = W^2_{61} 2R \, \text{sen}\phi - \alpha_{61} 2R\cos\phi$$

$$-V^C{}_{41}{}^2/9R + W^2_{51} 2R\text{sen}\phi = W^2_{61} 2R \cos\phi + \alpha_{61} 2R \, \text{sen}\phi$$

Simplemente despejar las dos aceleraciones angulares, una de las cuales es la segunda de las incógnitas del enunciado (la aceleración angular del disco).

PROBLEMA 30

En el mecanismo de la figura, la pieza (MANIVELA) OA gira a velocidad angular constante (sentido de las agujas del reloj). En el instante determinado, por los datos de la figura, calcular la velocidad y la aceleración del punto C. Resolver mediante las ecuaciones del movimiento relativo.

DATO: OA= R.

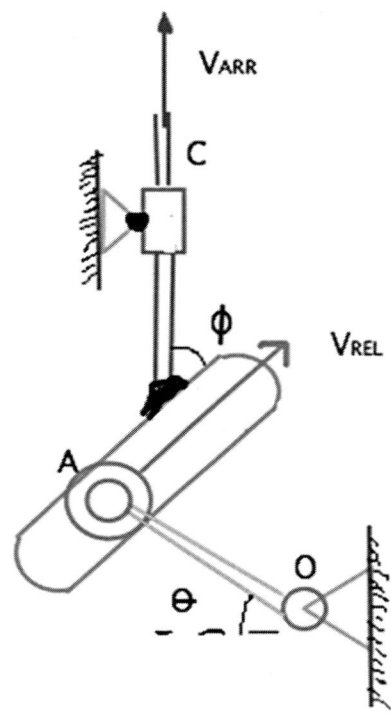

De los datos del enunciado:

$$W = -Wk = -(d\theta/dt)\,k$$

Apliquemos las ecuaciones del movimiento relativo.

VELOCIDADES

$$V_{ABS} = V_{REL} + V_{ARR}$$

$$V_{ABS} = W \times OA = - W k \times (- R\cos\theta, R\sin\theta)$$
$$= W R \sin\theta \, i + WR \cos\theta \, j$$

$$V_{REL} = V_{REL}(\sin\phi, \cos\phi)$$

$$V_{ARR} = V_c \, j$$

$$\left.\begin{array}{l} WR. \sin\theta = V_{REL}. \sin\phi \\ WR.\cos\theta = V_{REL}. \cos\phi + V_c \end{array}\right|$$

$$V_{REL} = WR \sin\theta / \sin\phi \quad ; \quad V_c = WR \sin(\phi - \theta)/ \sin\phi$$

ACELERACIONES

$$a_{ABS} = a_{REL} + a_{ARR} + a_{COR}$$

$$a_{ABS} = \cancel{a_o} + W \times W \times OA + \cancel{\alpha \times} OA = W^2R (\cos\theta, - \sin\theta)$$

$$a_{ARR} = a_c \, j$$

$$a_{REL} = a_{REL} (\sin\phi, \cos\phi)$$

$$a_{COR} = 2 W * \times V_{REL} = 0$$

Nos queda el siguiente sistema de ecuaciones:

$$\left.\begin{array}{l} W^2R \cos\theta = a_{REL}. \sin\phi \\ -W^2R. \sin\theta = a_c + a_{REL}\cos\phi \end{array}\right|$$

$$a_{REL} = W^2R \cos\theta / \sin\phi$$

$$a_c = - W^2R \cos(\phi - \theta)/ \sin\phi$$

PROBLEMA 31

Para el mecanismo de 6 eslabones, calcular la velocidad y la aceleración angular del eslabón 6. El disco rueda sin deslizar en el plano inclinado. El eslabón 2 tiene velocidad y aceleración (y son conocidas).

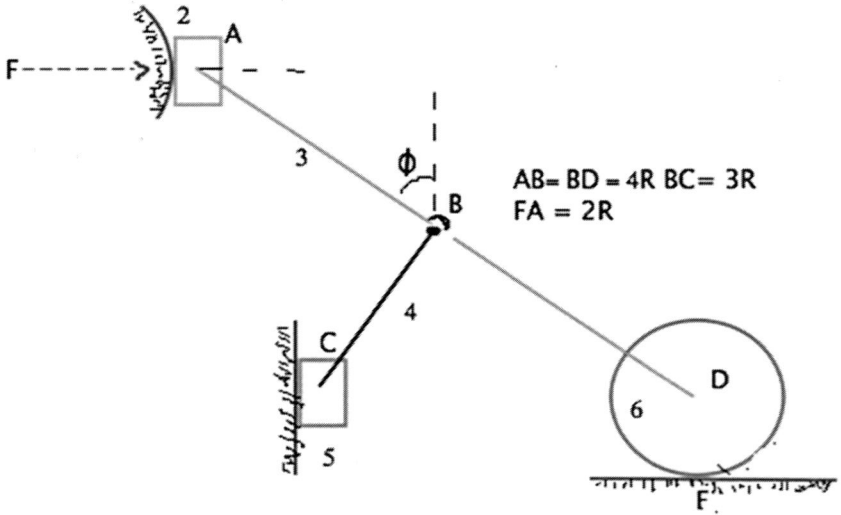

AB= BD = 4R BC= 3R
FA = 2R

Aplicamos las ecuaciones de la cinemática, a los dos lazos 2, 3, 4, 5

Y 2, 3, 6.

$$V^A_{21} = V^A_{31} = V\,j = V^B_{31} + W_{31} \times BA = V^B_{41} + W_{31} \times BA$$

$$V^B_{41} = V^C_{41} + W_{41} \times CB = V^C_{51} + W_{41} \times CB$$

Agrupando en una única ecuación tenemos:

$$V\,j = V_c\,j + W_{31}4R\,(-\cos\phi, -\mathrm{sen}\phi) + W_{41}3R\,(-\mathrm{sen}\phi, \cos\phi)$$

Al pasar a componentes, nos encontramos con tres incógnitas: V_c y las dos velocidades angulares W_{31} y W_{41}. Necesitamos al menos una de ellas, por tanto iremos por el otro lazo:

$$V^A_{31} = V^D_{31} + W_{31} \times DA = V^D_{61} + W_{31} \times DA = W_{61} \times ED + W_{31} \times DA$$

$$V \, j = -W_{61}R \, i + W_{31}8R \, (-\cos\phi, -\text{sen}\phi)$$

$$V = -W_{31}8R\text{sen}\phi$$
$$W_{61}R = W_{31} \, 8R \cos\phi$$

$$W_{31} = -V / 8R \, \text{sen}\phi \qquad W_{61} = V \cot g\phi / R$$

De la misma forma, con las aceleraciones y teniendo en cuenta que la aceleración del punto A tiene dos componentes, normal y tangencial, en su movimiento en torno a F (y que tanto la velocidad como la aceleración tangencial son conocidas):

$$a^A_{21} = a^A_{31} = -[V^A_{31}]^2 / 2R \, i + a^{A,TAG}_{31} \, j$$

$$a^B_{31} = a^A_{31} - W^2_{31}4R(-\text{sen}\phi, \cos\phi) + \alpha_{31}4R(\cos\phi, \text{sen}\phi)$$

$$a^B_{31} = a^B_{41} = a^C_{41} - W_{41}^2 \, CB + \alpha_{41} \times CB$$

$$= a_c j + W^2_{41}3R(-\cos\phi, -\text{sen}\phi) + \alpha_{41}3R(-\text{sen}\phi, \cos\phi)$$

$$-[V^A_{31}]^2 / 2R \, i + a^{A,TAG}_{31} \, j - W^2_{31}4R(-\text{sen}\phi, \cos\phi)$$
$$+ \alpha_{31}4R(\cos\phi, \text{sen}\phi) = a_c j + W^2_{41}3R(-\cos\phi, -\text{sen}\phi)$$
$$+ \alpha_{41}3R(-\text{sen}\phi, \cos\phi)$$

De nuevo se nos plantean tres incógnitas, las dos aceleraciones angulares y la velocidad del eslabón 5. De nuevo, es necesario ir al otro lazo y resolver en él, antes de volver de nuevo a este, y completar la resolución del mecanismo en su totalidad.

$$a^D_{31} = a^A_{31} + W^2_{31}8R(-\cos\phi, \text{sen}\phi) + \alpha_{31}8R(\cos\phi, \text{sen}\phi)$$

$$a^D_{31} = a^D_{61} = -\alpha_{61}R \, i$$

$$\alpha_{61}R \, i = -[V^A_{31}]^2 / 2R \, i + a^{A,TAG}_{31} \, j + W^2_{31}8R(-\cos\phi, \text{sen}\phi)$$
$$+ \alpha_{31}8R(\cos\phi, \text{sen}\phi)$$

En este caso al resolver por componentes, tenemos las dos últimas aceleraciones angulares. Una vez que hayamos obtenido la aceleración α_{31}, volveremos al planteado en el otro lazo y estará finalizado el ejercicio.

PROBLEMA 32

En el mecanismo de la figura, son conocidas las velocidades y aceleración del eslabón 7. Sabemos que el eslabón 6 rueda y no desliza (Punto D) en el contacto con el eslabón 5. El eslabón 2 rueda y no desliza. Calcular también la velocidad angular del eslabón 6.

DATO. $W_{61} = W$.

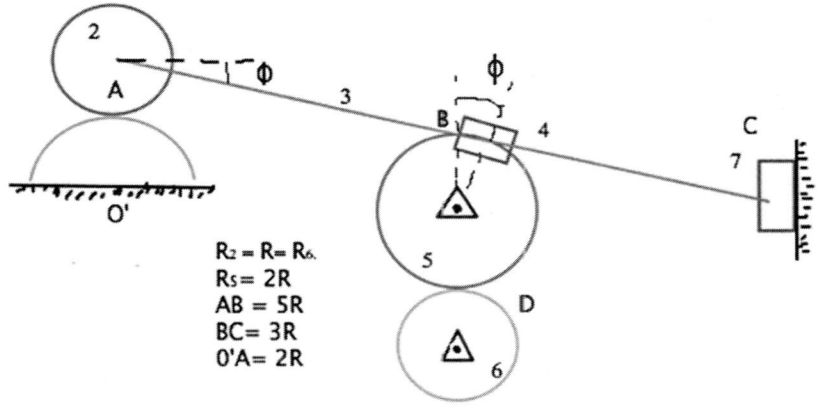

Iniciemos la resolución por el lazo 2, 3, 7.

$$V^{A}_{21} = V^{A}_{31} = V^{C}_{31} + W_{61} \times CA = V^{C}_{71} + W_{31} \times CA$$

$$- W_{21} R \, i = V \, j + W_{31} 8R \, (- sen\phi, - cos\phi)$$

$$W_{21} = (V. \, tag\phi) / R \qquad ; \qquad W_{31} = V / (8R \, cos\phi)$$

$$V^{B}_{41} = V^{B}_{43} + V^{B}_{31} = \cancel{V^{B}_{45}} + V^{B}_{51}$$

$$V^{B}_{43} (cos\phi, -sen\phi) - W_{21}R \, i + W_{31}5R \, (sen\phi, cos\phi)$$
$$= W_{51}R \, (cos\phi, -sen\phi)$$

De esta ecuación (al proyectar en componentes) tenemos la velocidad (V^{B}_{43}) y la velocidad angular del eslabón 5. Pero por rodar sin deslizar este último (Punto D) sobre el eslabón 6 podemos poner:

$$V^D_{56} = 0 = V^D_{51} - V^D_{61} \rightarrow \quad W_{61} \cdot \cancel{R} = W_{51} \cdot 2\cancel{R}$$

$$W_{61} = 2 \cdot W_{51}$$

De nuevo para las aceleraciones, procedemos igual:

$$a^C_{31} = a^A_{31} - W^2_{31}AC + \alpha_{31}AC = a^C_{71}$$

$$a\,j = -([V^A_{31}]^2/\,3R)\,j + \alpha_{21}R\,i + W^2_{31}8R\,(-\cos\phi, \operatorname{sen}\phi) + \alpha_{31}8R\,(\operatorname{sen}\phi, \cos\phi)$$

De nuevo tenemos, al pasar a componentes, las aceleraciones angulares del eslabón 3 y del eslabón 2. Procediendo con el otro lazo, podemos poner:

$$a^B_{41} = a^B_{43} + a^B_{31} + 2\,W_{31} \times V^B_{43} = a^B_{51}$$

$$(a^B_{41} = \cancel{a^B_{46}} + a^B_{51} + 2\,W_{51} \times \cancel{V^B_{45}})$$

$$(a^B_{31} = a^A_{31} - W^2_{31}AB + \alpha_{31} \times AB)$$

$$a^B_{43}\,(\cos\phi, -\operatorname{sen}\phi) \; -([V^A_{31}]^2/\,3R)\,j + \alpha_{21}R\,i + W^2_{31}5R\,(-\cos\phi, \operatorname{sen}\phi) + \alpha_{31}5R\,(-\operatorname{sen}\phi, -\cos\phi) = W^2_{51}R\,(-\operatorname{sen}\phi, -\cos\phi) + \alpha_{51}R\,(\cos\phi, -\operatorname{sen}\phi)$$

Resolviendo por componentes, tenemos la aceleración (a^B_{43}) y la aceleración angular del eslabón 5. Y en este último por la condición de rodadura sin deslizamiento:

$$a_{51}^{\,TAG,\,D} = a_{61}^{\,TAG,\,D} \; \rightarrow \; 2\,\alpha_{51} = \alpha_{61}$$

PROBLEMA 33

Calcular en el mecanismo de la figura, la aceleración angular del eslabón 7. Calcular también la aceleración tangencial de B en su movimiento en torno a H, en el eslabón 4. Tomar como constante y conocida (V), la velocidad del eslabón 2. El disco rueda y no desliza. El eslabón 4 se traslada a velocidad constante.

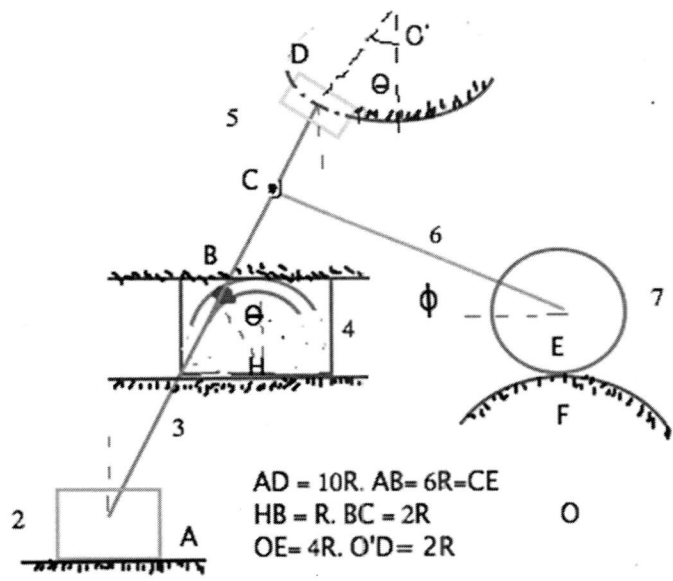

AD = 10R. AB= 6R=CE
HB = R. BC = 2R
OE= 4R. O'D= 2R

Iniciamos la resolución por el lazo (2, 3, 4):

$$V^B_{31} = V^B_{34} + V^B_{41}$$

$$V^B_{34} = V^B_{34}(\cos \theta, \operatorname{sen} \theta)$$

$$V^B_{31} = V^A_{31} + W_{31} \times AB = V\, i + W_{31} 6R(- \cos\phi, \operatorname{sen}\phi)$$

$$V - W_{31} 6R.\cos\phi \quad = V^B_{34} . \cos \theta + V^B_{41}$$

$$W_{31}\, 6R\, .\operatorname{sen}\phi \quad = V^B_{34}. \operatorname{sen} \theta \qquad\qquad\text{(I)}$$

145

Sistema en el que al despejar tenemos tres incógnitas (V^B_{43}, W_{31} y V^B_{41}). Por tanto, necesitamos alguna de ellas para resolver el sistema. Si continuamos por este lazo (3, 4, 5):

$$V^D_{31} = V^D_{51} = V^A_{31} + W_{31} \times AD$$

$$V^D_{51}(\cos\theta, -\text{sen}\theta) = V\,\mathbf{i} + W_{31}.10R.\,(-\cos\phi, \text{sen}\phi)$$

$$V^D_{51}\cos\theta = V - W_{31}10R\cos\phi \quad \Big|$$

$$-V^D_{51}\,\text{sen}\theta = W_{31}.\,10R.\,\text{sen}\phi \quad \Big| \qquad\qquad (II)$$

Despejando de (II), llegamos a V^D_{51} y a W_{31}. Esta última, nos permitirá resolver (I). No obstante, antes de continuar, vamos a razonar sobre el valor obtenido de W_{31}, que salvo error es:

$$W_{31} = (V.\,\text{tag}\theta\,/\,10R).[\;1\,/\,(\,\text{tag}\theta.\,\cos\phi - \text{sen}\phi\,)]$$

Sentido de las agujas del reloj si:

$$\text{tag}\theta.\,\cos\phi - \text{sen}\,\phi > 0 \;\rightarrow\; \text{tag}\theta > \text{tag}\phi$$

Si no, su sentido será (**-k**). Vamos a suponer que los valores dados de los ángulos, en el instante considerado, nos llevan a un valor de giro **+ k,** en lo que resta de resolución del problema.

Para finalizar con los cálculos de la cinemática de las velocidades angulares, necesitamos ir al lazo (3, 6, 7).

Así:

$$V^C_{31} = V^A_{31} + W_{31} \times AC = V\,\mathbf{i} + W_{31}8R\,(-\cos\phi.\,\text{sen}\phi)$$

Entonces:

$$V^C_{31} = V^C_{61} = V^E_{61} + W_{61} \times EC = V^E_{71} + W_{61} \times EC$$
$$= W_{71} \times FE + W_{61} \times EC$$

$$V\,\mathbf{i} + W_{31}8R\,(-\cos\phi, \text{sen}\phi) = -W_{71}R\,\mathbf{i} + W_{61}6R\,(-\text{sen}\phi, -\cos\phi)$$

$V - W_{31}8R. \cos\phi = W_{71}R - W_{61} 6R. \operatorname{sen}\phi$ |
$\quad + W_{31} .\operatorname{sen}\phi = - W_{61}6R.\cos\phi$ |

Sistema que nos permite calcular las dos velocidades angulares de los eslabones 6 y 7.

Para las aceleraciones, procedemos igual (recordar que por los datos del enunciado, la aceleración del eslabón 2 es cero. Entonces podemos poner:

$a^A_{21} = \cancel{a^A_{23}} + a^A_{31} + 2 W_{31} \times \cancel{V^A_{23}} = 0 \rightarrow a^A_{31} = 0$

Si referimos la aceleración de B respecto a A (eslabón 3) tenemos:

$a^B_{31} = 0 + W_{31}{}^2 6R (- \operatorname{sen}\phi, -\cos\phi) + \alpha_{31}6R (\cos\phi, - \operatorname{sen}\phi)$

$a^B_{31} = a^B_{34} + a^B_{41} + 2 W_{31} \times V^B_{34}$

$a^B_{34} = a^{B,TAG}_{34} + a^{B,NOR}_{34} = a^B_{34} (\cos\theta, \operatorname{sen}\theta)$
$\qquad\qquad\qquad\qquad\qquad\qquad + ([V^B_{34}]^2/ R) (\operatorname{sen}\theta, - \cos\theta)$

$a^B_{41} = 0$

$2W_{31} \times V^B_{34} = \ldots\ldots\ldots$ los valores obtenidos de (I) y (II).

Resolviendo, tenemos la segunda incógnita del problema ($a^B_{34} = a^{B,TAG}_{34}$).

PROBLEMA 34

En el mecanismo de la figura calcular la velocidad y la aceleración de D. Los discos ruedan y no deslizan. Calcular también la aceleración angular de la deslizadera 5.

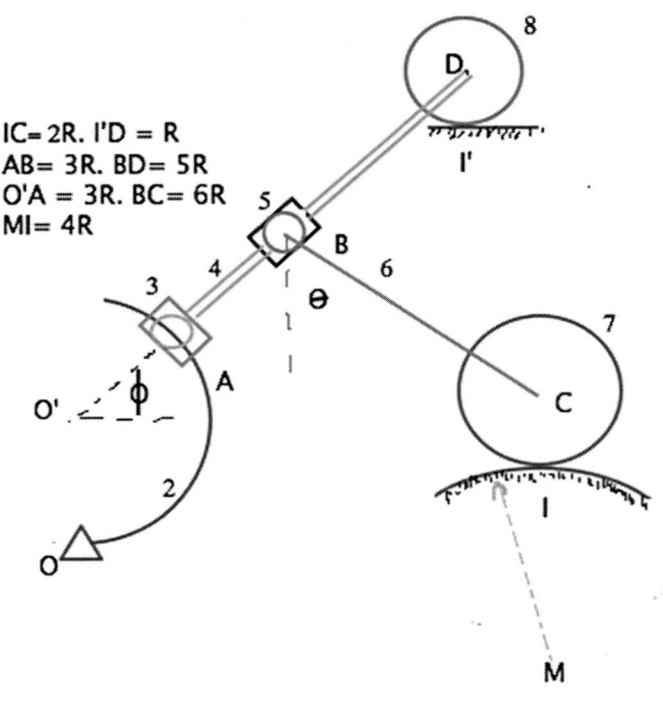

IC= 2R. I'D = R
AB= 3R. BD= 5R
O'A = 3R. BC= 6R
MI= 4R

DATOS. $W_{71} = - W_{81} \cdot V^B_{54} = W R/ 5 \cdot W_{41} = W/ 3 \, k$
$\alpha_{71} = - \alpha_{81} \cdot \alpha_{41} = W^2/4 = \alpha_{61}$

Ecuaciones del lazo (8, 5, 6, 7):

$V^B_{51} = V^B_{54} + V^B_{41} = V^B_{54} (\cos\phi, \sin\phi) + V^D_{41} + W_{41} 5R (\sin\phi, -\cos\phi)$
$\quad = WR/5 (\cos\phi, \sin\phi) - W_{81} R \, i + W_{41} 5R (\sin\phi, -\cos\phi)$

$V^B_{51} = V^B_{56} + V^B_{61} = V^C_{61} + W_{61} \, xCB = V^C_{81} + W_{61} \, x \, CB$
$\quad = W_{81} 2R \, i + W_{61} 6R (-\sin\theta, -\cos\theta)$

$WR/5 \cos\phi - W_{81}R + W/3. \, \text{sen}\phi = W_{81}2R - W_{61}6R \, \text{sen}\theta$

$WR/5 \, \text{sen}\phi - W/3 \cos\phi = - W_{61}6R\cos\theta$

De las anteriores tenemos las velocidades angulares del eslabón 6 y del 8 (y por la relación de datos del enunciado, la del 7).

Procedemos ahora con el lazo (2, 3, 4, 8):

$$V^A_{41} = V^D_{41} + W_{41} \times DA = V^D_{81} + W_{41} \times DA$$
$$= -W_{81}2Ri - W_{41}8R \, (\text{sen}\phi, -\cos\phi)$$

$$V^A_{41} = \cancel{V^A_{43}} + V^A_{31} = V^A_{32} + V^A_{21}$$
$$= W_{32}3R \, (-\text{sen}\phi, \cos\phi) + W_{21}3R \cos\phi \, j - W_{21}3R \, (1 + \text{sen}\phi)$$
$$- W_{81}2R + W_{41}8R\text{sen}\phi = - W_{32}3R \, \text{sen}\phi - W_{21}3R \, (1 + \text{sen}\phi)$$
$$- W_{41}8R\cos\phi = W_{32}3R\cos\phi + W_{21}3R\cos\phi$$

De nuevo, las incógnitas son las dos velocidades angulares restantes W_{32} y W_{21}.

Para las aceleraciones angulares:

$$a^B_{51} = a^B_{54} + a^B_{41} + 2 \, W_{41} \times V^B_{54}$$
$$= a^B_{54} \, (\cos\phi, \text{sen}\phi) + \alpha_{81} \, Ri - + W^2_{41}5R \, (\cos\phi, \text{sen}\phi)$$
$$+ \alpha_{41} \, 5R \, (- \text{sen}\phi, \cos\phi)$$
$$+ 2 \, [W/3 \, k] \times V^B_{54} \, (\cos\phi, \text{sen}\phi) \tag{I}$$

Los datos del término de Coriolis se han calculado previamente, por lo que en la ecuación vectorial anterior, de acuerdo al enunciado, tenemos como incógnitas, la aceleración angular del disco b y la aceleración relativa del eslabón 5 respecto al 4.

$$a^B_{51} = \cancel{a^B_{56}} + a^B_{61} + 2 \, W_{61} \times \cancel{V^B_{56}} = - ([\, V^C_{71}]^2/6R) \, j - \alpha_{71}2R \, i$$
$$+ W^2_{61}6R \, (\text{sen}\theta, - \cos\theta) + \alpha_{61}6R \, (\cos\theta, \text{sen}\theta) \tag{II}$$

(Con $V^C_{71} = W_{71}. \, 2R$)

Igualando componente a componente (I) y (II) tenemos las aceleraciones angulares buscadas. Tenga el lector en cuenta que las aceleraciones angulares de los eslabones 7 y 8, son iguales en módulo, aunque opuestas como vectores. Las aceleraciones angulares de los eslabones 4 y 6 son conocidas también.

PROBLEMA 35

En el mecanismo de la figura ambos discos ruedan sin deslizar sobre las superficies respectivas, con velocidad y aceleraciones angulares W y α. Calculad la velocidad y la aceleración de D. La velocidad angular del eslabón 5 es constante y vale W/3. El eslabón 2 gira con velocidad angular constante.

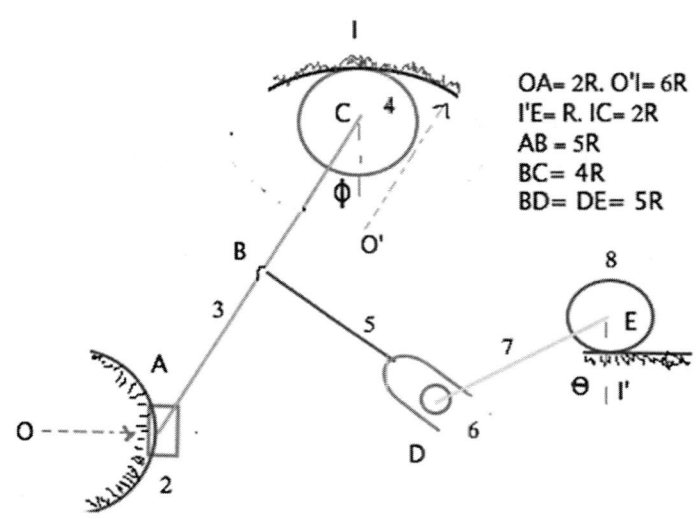

OA= 2R. O'I= 6R
I'E= R. IC= 2R
AB = 5R
BC= 4R
BD= DE= 5R

Iniciamos con el lazo (2, 3, 4):

$$V^B_{31} = V^A_{31} + W_{31} \times AB = V^C_{31} + W_{3^-} \times CB$$

$$V^A_{31} j + W_{31} 5R (-\cos\phi, \text{sen}\phi) = W2R i + W_{31} 4R (\cos\phi, -\text{sen}\phi)$$

$$- W_{31} 5R \cos\phi = W2R + W_{31} 4R . \cos\phi \;\Big|$$
$$V^A_{31} + W_{31} 5R \,\text{sen}\phi = -W4R\text{sen}\phi \;\Big|$$

$$W_{31} = - 2 W/ 9 \cos\phi \qquad V^A_{31} = WR [-4. \text{sen}\phi +10\, \text{tag}\phi/ 9]$$

La velocidad será +**j** si :

$$-4.\text{sen}\phi + 10\, \text{tag} / 9 > 0 \rightarrow \cos\phi < 10/36 = 5/ 18$$

En caso contrario irá en la dirección **-j**.

Por el lazo (5, 6, 7, 8):

$V^B_{31} = V^B_{35} + V^B_{51} = V^D_{51} + W_{51} \times DB = V^D_{56} + V^D_{61} + W_{51} \times DB$

$W2R \, \mathbf{i} + (8WR/9 \cos\phi)(-\cos\phi, \sin\phi) =$
$V^D_{56}(\cos\phi, -\sin\phi) - WR \, \mathbf{i} + W_{51}5R(-\sin\phi, -\cos\phi)$
$+W_{71}5R(\cos\theta, -\sin\theta)$

De los datos del enunciado $W_{51} = W/3$, por lo que, descomponiendo en componentes, las ecuaciones anteriores nos llevan a la velocidad angular del eslabón 7 y a la velocidad del dado en el interior de 6.

Procediendo de la misma forma, con los lazos (2, 3, 4) y luego con (3, 5, 7, 8) tenemos:

$a^B_{31} = a^A_{21} + W^2_{31}5R(-\sin\phi, -\cos\phi) + \alpha_{31}5R(\cos\phi, -\sin\phi)$

$\downarrow$

$a^A_{31} = a^A_{21} = -([V^A_{21}]^2 / 2R) \, \mathbf{i}$ (eslabón 2 velocidad constante)

$a^B_{31} = a^C_{41} + W^2_{31}4R(\sin\phi, \cos\phi) + \alpha_{31}4R(-\cos\phi, \sin\phi)$

$\downarrow$

$a^C_{41} = -([V^C_{41}]^2 / 4R) \, \mathbf{j} - \alpha 2R \, \mathbf{i}$ $(V^C_{41} = W_{41}2R = W2R)$

Igualando componente a componente, tenemos las aceleraciones angulares de los eslabones 3 y 7.

Por el otro lazo:

$a^B_{31} = a^B_{51} = a^D_{51} + W^2_{51}5R(\cos\phi, -\sin\phi)$ (eslabón 5 ,W_{51} constante)

$a^D_{51} = a^D_{56} + a^D_{61} + 2 W_{61} \times V^D_{56}$
$\quad = a^D_{56}(\cos\phi, -\sin\phi) + a^D_{71} + 2W......$

$a^{D}_{71} = a^{E}_{71} + W^{2}_{71}5R (\text{sen}\theta, \cos\theta) + \alpha_{71}5R (-\cos\theta, \text{sen}\theta)$

$a^{E}_{71} = a^{E}_{81} = \alpha R \ i$ (Par rodadura, caso c. Ver Anexos Teoría)

Igualando, tenemos las aceleraciones angulares del eslabón 7, y la aceleración relativa del dado D.

PROBLEMA 36

En el mecanismo de la figura, calcular la velocidad y la aceleración relativa del objeto A, conocidas la velocidad y la aceleración angular del eslabón 2 (W y α), antihorarias. Se conocen también la velocidad y la aceleración de B en el eslabón 7 (V y a).

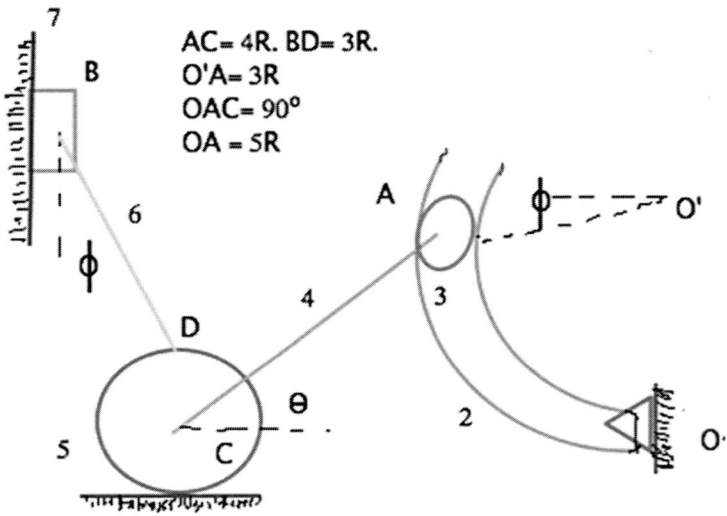

AC= 4R. BD= 3R.
O'A= 3R
OAC= 90°
OA = 5R

Iniciamos el problema por el lazo (2, 3, 4):

$$V^A_{31} = V^A_{32} + V^A_{21} = W_{32}3R \,(\text{sen}\phi, - \cos\phi) + W5R \,(-\cos\theta, -\text{sen}\theta)$$

$$V^A_{31} = V^A_{41} = V^C_{41} + W_{41} \times CA = V^C_{51} + W_{41} \times CA$$
$$= -W_{51}R \,i + W_{41}4R \,(\text{sen}\theta, -\cos\theta)$$

Esto es:

$$W_{32}3R \,\text{sen}\phi - W5R \cos\theta = -W_{51}R + W_{41}4R \,\text{sen}\theta \mid$$
$$-W_{32}3R\cos\phi - W5R\text{sen}\theta = -W_{41}4R\cos\theta \mid$$

Tenemos dos ecuaciones con tres incógnitas (las velocidades angulares, de los eslabones 4, 5 y la relativa 32).Vamos a buscar una de estas incógnitas por el lazo (5, 6, 7):

$$V^D{}_{51} = -W_{51}2Ri = V^D{}_{61} = V^B{}_{71} + W_{61} \times BD$$
$$= V\,j + W_{61}3R\,(\cos\phi,\, \text{sen}\phi)$$

$$-W_{51}2R = W_{61}3R\cos\phi \quad \Big|$$
$$0 = V + W_{61}3R\,\text{sen}\phi \quad \Big|$$

De estas dos ecuaciones anteriores tenemos las velocidades angulares de los dos eslabones 6 y 5. Con la del eslabón 5, podemos ir al sistema anterior y resolverlo.

Análogamente con las aceleraciones:

$$a^A{}_{31} = a^A{}_{32} + a^A{}_{21} + 2W_{21} \times V^A{}_{32}$$

$$a^A{}_{32} = a^{A,NOR}{}_{32} + a^{A,TAG}{}_{32} = [V^A{}_{32}]^2/3R(\cos\phi,\, \text{sen}\phi)$$
$$+\alpha_{32}3R\,(\cos\phi,\, -\text{sen}\phi)$$

$$(V^A{}_{32} = W_{32}.3R)$$

$$a^A{}_{21} = W^2 5R\,(\text{sen}\theta,\, -\cos\theta) + \alpha 5R\,(-\cos\theta,\, -\text{sen}\theta)$$

$$2W_{21} \times V^A{}_{32} = 2W\,k \times W_{32}3R\,(\,(+/-)\,\text{sen}\phi,\, (-/+)\,\cos\phi)$$

En la última expresión, los signos dobles corresponden a la W_{32}, tal como la supusimos o en sentido opuesto (si el resultado de la resolución del sistema, da valor negativo en su módulo).

Por el otro lazo:

$$a^A{}_{31} = a^A{}_{41} = a^C{}_{51} + W^2{}_{41}4R\,(-\cos\theta,\, -\text{sen}\theta) + \alpha_{41}4R\,(\text{sen}\theta,\, -\cos\theta)$$
$$= \alpha_{51}R\,i + \text{"} \quad \text{"} \quad \text{"} \quad \text{"} \quad \text{"} \quad \text{"} \quad \text{"} \quad \text{"} \ldots\ldots\ldots$$

Al igualar las dos expresiones de $\mathbf{a}^A_{31}$, nos encontramos con tres incógnitas (las aceleraciones angulares α_{51}, α_{32} y α_{41}).Hemos de ir al último lazo, con el fin de calcular alguna de estas:

$$a^D_{51} = -W^2_{51}R\,j + 2\alpha_{51}R\,i = a^D_{61} =$$
$$= a^B_{71} + W^2_{61}3R(-\text{sen}\phi, \cos\phi) + \alpha_{61}3R(-\cos\phi, -\text{sen}\phi)$$

$(a\,j)$ ⟵ ——— (Dato del enunciado)

De este último sistema (al igualar componente a componente) tenemos la aceleración angular de los eslabones 5 y 6. Luego podremos ir al anterior y resolver totalmente, la cinemática del mecanismo.

PROBLEMA 37

En el mecanismo de la figura, calculad la velocidad de D y la aceleración angular del eslabón 8. Son datos del enunciado:

AB= 4R. BD = 3R . DC = 4R. W_{51}= W. α_{51} = α.W_{61} = W/2. V_C = V i.

AC= 5R. $V_{C'}$ = Vi .α (AMBOS DISCOS) = α/2.

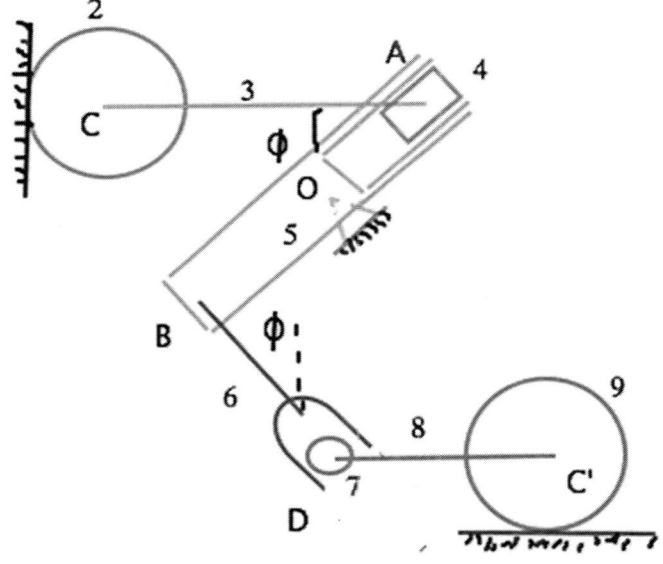

Iniciamos, como siempre por uno de los lazos (en este caso por el (2, 3, 4, 5):

V^A_{41} = $\cancel{V^A_{43}}$ + V^A_{31} = V^C_{21} + W_{31} x CA = W_{21} R j - W_{31}5R j

V^A_{41} = V^A_{45} + V^A_{51} =V^A_{45} (cos ϕ, senϕ) + $\cancel{V^A_{o5}}$ + W.2R (-senϕ,cosϕ)

(W_{21}= V/R. DATO DEL ENUNCIADO)

0 = V^A_{45} cosϕ - W2R.senϕ

V – W_{31}5R = V^A_{45} senϕ + W2R. cosϕ

$$V^A_{45} = W\ 2R\ tag\phi \qquad ; \qquad W_{31} = (V/5R) - (2W\ /\ 5.\ cos\phi)$$

Ahora antes de continuar por el otro lazo (y porque nos va a hacer falta) calculamos la velocidad de B:

$$V^B_{51} = \cancel{V_0} + W_{51}\ x\ OB = W2R\ (sen\phi,\ -\ cos\phi)$$

$$V^D_{71} = V^D_{76} + V^D_{61} = V^D_{76}\ (sen\phi,\ -cos\phi) + V^B_{51} + W_{61}3R\ (cos\phi, sen\phi)$$

Con

$$V^B_{51} = W2R\ (sen\phi,\ cos\phi),\ W_{61} = W/2\ (ENUNCIADO)$$

$$V^D_{71} = \cancel{V^D_{78}} + V^D_{81} = V^C_{91} + W_{81}\ x\ CD =$$
$$= Vi\ -W_{81}4R\ j$$

Igualando:

$$V^D_{76}sen\phi + W2R\ sen\phi + (3WR/2)\ cos\phi = V \qquad \bigg|$$

$$-V^D_{76}cos\phi + W2Rcos\phi + (3WR/2)sen\phi = -\ W_{81}4R \quad \bigg|$$

Del sistema anterior tenemos V^D_{76} y W_{81}.
Procedamos de la misma forma para las aceleraciones.

$$a^A_{41} = a^A_{31} = a^C_{31} - W_{31}{}^25R\ i + \alpha_{31}\ 5R\ j = \alpha R/2j - W^2_{31}5Ri + \alpha_{31}5Rj$$

$$a^A_{41} = a^A_{45} + a^A_{51} + 2W_{51}\ xV^A_{45}$$

$$a^A_{45} = a^A_{45}\ (cos\phi,\ sen\phi)$$

$$a^A_{51} = \cancel{a_0} + W^2_{51}2R\ (-\ cos\phi,\ -sen\phi) + \alpha_{51}\ 2R(sen\phi,\ -\ cos\phi)$$

$$2W_{51}\ xV^A_{45} = 2\ (\ W\ k\ )\ x\ (\ W2R\ tag\phi\ [\ cos\phi,\ sen\phi\ ])$$

Igualando con la expresión de la página anterior, calculamos a^A_{45} y α_{31}.

Por el otro lazo:

$$a^B_{51} = \cancel{a_C} + W^2_{51}2R\,(\cos\phi, \operatorname{sen}\phi) + \alpha_{51}2R\,(-\operatorname{sen}\phi, \cos\phi)$$

$$a^D_{71} = a^D_{76} + a^D_{61} + 2W_{61} \times V^D_{76}$$

$$a^D_{76} = a^D_{76}\,(\cos\phi, -\operatorname{sen}\phi)$$

$$a^D_{61} = a^B_{51} + W^2_{61}3R\,(-\operatorname{sen}\phi, \cos\phi) + \alpha_{61}3R\,(\cos\phi, \operatorname{sen}\phi)$$

$$2W_{61} \times V^D_{76} =$$
$$2\,(W/2\,k\,)$$
$$\times\,(((V/\operatorname{sen}\phi) - (WR(\,2 + 3\cot\phi/2)).(\operatorname{sen}\phi, -\cos\phi)]$$

En la última expresión hemos sustituido el valor de la velocidad relativa de D (V^D_{76}).

Pero también:

$$a^D_{71} = \cancel{a_{78}^D} + a^D_{81} + 2W_{81} \times \cancel{V_{78}^D} = a^C_{91} + W^2_{81}4R\,i + \alpha_{81}4Rj$$
$$\downarrow$$
$$(\alpha_{91}R\,i)$$

Además (DATOS ENUNCIADO) $\alpha_{61} = 0$ (velocidad angular del eslabón constante) y $\alpha_{91} = \alpha/2$.

PROBLEMA 38

En el mecanismo de la figura calcular la aceleración de G.

DATOS. El disco 8 rueda y no desliza, con una velocidad angular W y una aceleración angular α. Las deslizaderas tienen velocidad constante V. La velocidad angular del eslabón 9 es igual a W/4. La velocidad de B es 4WR. Tener en cuenta que $\phi < 90$.

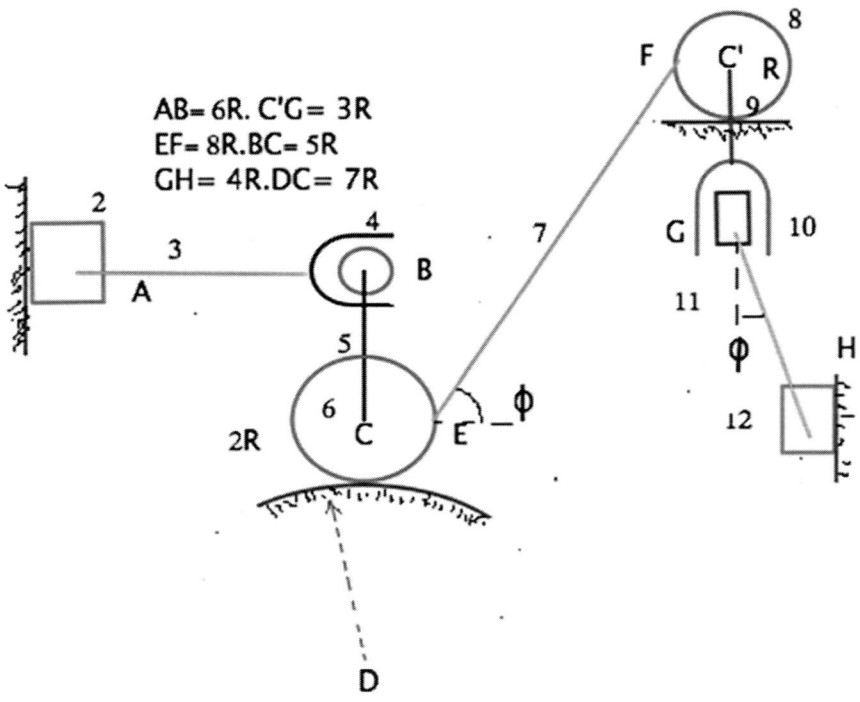

AB= 6R. C'G= 3R
EF= 8R.BC= 5R
GH= 4R.DC= 7R

Como siempre iniciamos por el lazo (2, 3, 4, 5):

$$V^B_{41} = V^B_{43} + V^B_{31} = \cancel{V^B_{45}} + V^B_{51}$$

$$V^B_{43} = V^B_{43}\, i = 4WR\, i \quad \text{(DATO ENUNCIADO)}$$

$$V^B_{31} = V^A_{21} + W_{31} \times AB = V\, j - W_{31}6R\, j$$

$$V^B_{51} = V^C_{61} + W_{51} \times CB = -W2R\, i + W_{51}5R\, i$$

Igualando tenemos:

$$4WR = -2WR + W_{51}\, 5R$$
$$V - W_{31}\, 6R = 0$$

$$W_{51} = 6W/5; \quad W_{31} = V/6R$$

Procedemos con los enlaces E y F:

$$V^F_{71} = V^E_{71} + W_{71} \times EF = V^E_{71} + W_{71}8R(-\text{sen}\phi, \cos\phi)$$

$$V^F_{71} = V^{C'}_{81} + W_{81} \times C'F = -WR\, i - WR\, j$$

$$V^E_{71} = V^C_{61} + W_{61} \times CE = -2RW_{61}\, i + 2R\, W_{61}\, j$$

$$-WR = -2RW_{61} - 8RW_{71}\, \text{sen}\phi$$
$$-WR = +2RW_{61} + 8RW_{71}.\cos\phi$$

$$W_{71} = -W/(4[\,\text{sen}\phi + \cos\phi\,]) \quad \rightarrow (-k)$$

$$W_{61} = W(\cos\phi + \text{sen}\phi)/(2[\cos\phi - \text{sen}\phi])$$

Será mayor que cero (ya que ϕ es menor que 90, el numerador va a ser siempre positivo) si:

$$\cos\phi - \text{sen}\phi > 0 \rightarrow \quad \text{tag } \phi < 1 \; (\phi < 45)$$

Por tanto entre 45 y 90, W_{61} sentido opuesto.

En la última parte del lazo:

$$V^G_{10\,1} = V^G_{10\,9} + V^G_{91} = -V^G_{10\,9}j + V^{C'}_{81} + W_{91} \times C'G$$
$$= \text{``} \qquad -WR\, i + (W/4)\, 3R\, i$$

$$V^G_{10\,1} = V^G_{10\,11} + V^G_{11\,1} = V^H_{12\,1} + W_{11\,1} \times HG$$
$$= V\, j + W_{11\,1}4R\, (\cos\phi, \text{sen}\phi)$$

$$W_{11\,1} = -W\text{sen}\phi/16 \qquad V^G_{10\,9} = -V + WR.\,\text{sen}\, 2\phi/8$$

Para la aceleración de G, procedemos por el lazo (8, 9, 10, 11, 12)

$$a^G_{10\,1} = a^G_{10\,9} + a^G_{91} + 2W_{91} \times V^G_{10\,9}$$

$$a^G_{10\,9} = -a^G_{10\,9}\,j$$

$a^G_{91} = a^{C'}_{81} + W^2_{91}3Rj$ (No hay término de aceleración angular, ya que la velocidad angular del eslabón es constante y vale W/4)

$$a^{C'}_{81} = -\alpha Ri$$

$$2W_{91} \times V^G_{10\,9} = 2\,(W/4\,k) \times (-V + (WR.\,sen2\phi)/8)\,(-j)$$

Hemos supuesto que la deslizadera 12 va hacia abajo, para ello deberá de cumplirse que:

$$-V + (WR/8)\,sen2\phi > 0 \rightarrow sen2\phi > 8V / WR$$

$$a^G_{10\,1} = a^G_{10\,11} + a^G_{11\,1} + 2W_{11\,1} \times V^G_{10\,11}$$

$$= a^H_{12\,1} + W^2_{11\,1}\,4R\,(sen\phi, -cos\phi) + \alpha_{11\,1}4R\,(cos\phi, sen\phi)$$

Ya que la velocidad de la deslizadera 12 es constante, según los datos del enunciado.

$$-\alpha R + 2\,(W/4).(\,-V+((WR/8).sen2\phi)) =$$
$$=(Wsen\phi/16)^2.\,4Rsen\phi + \alpha_{11\,1}\,4R\,cos\phi$$

$$-a^G_{10\,9} + (W/4)^2 3R = -(\,W\,sen\phi/16)^2.\,4Rcos\phi +\alpha_{11\,1}\,4Rsen\phi$$

Despejando del sistema encontramos la incógnita pedida (aparte de la aceleración angular del eslabón 11).

PROBLEMA 39

En el mecanismo de la figura calcular la aceleración angular del eslabón 7. La velocidad angular del eslabón 2 es W, y la del eslabón 3, W/4.La velocidad del eslabón 5 es V (constante). La aceleración angular del eslabón 6 es el doble de la del eslabón 7, aunque ambas son desconocidas.

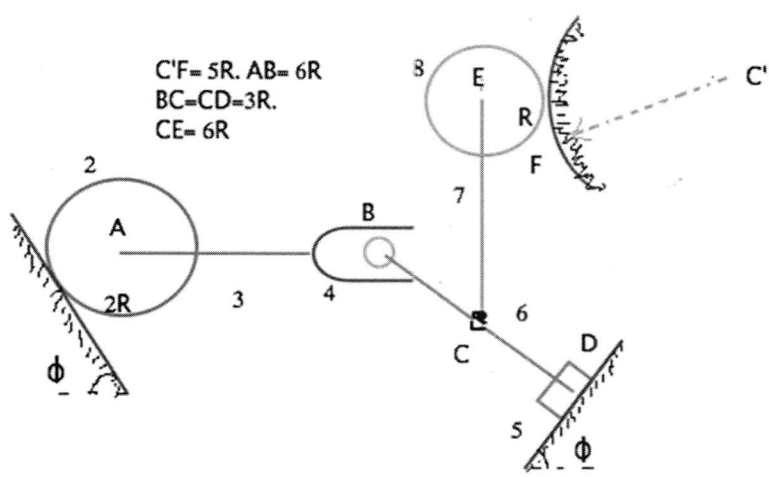

C'F= 5R. AB= 6R
BC=CD=3R.
CE= 6R

Iniciamos el problema por el lazo de la izquierda:

$$V^B_{41} = V^B_{43} + V^B_{31} = V^B_{43} \, i + V^A_{21} + W_{31} \times AB$$
$$= V^B_{43} \, i + W2R(\cos\phi, -\text{sen}\phi) - W_{31}6R \, j$$

$$V^B_{41} = \cancel{V^B_{46}} + V^B_{61} = V^D_{51} + W_{61} \times DB$$
$$= V(\cos\phi, \text{sen}\phi) + W_{61}6R(-\cos\phi, -\text{sen}\phi)$$

$$V^B_{43} + W2R\cos\phi = V\cos\phi - W_{61}6R\cos\phi \quad \Big|$$

$$-W2R.\text{sen}\phi - W_{31}6R = V\text{sen}\phi - W_{61}6R\text{sen}\phi \quad \Big|$$

$$\uparrow$$
$$(W/4) \text{ (DATO DEL ENUNCIADO)}$$

Resolviendo tenemos V^B_{43} y W_{61}.

P. ej $\qquad\qquad W_{61} = W/3 + W/(4\,\text{sen}\phi) + V/6R \qquad\qquad$ (I)

163

Continuando por el lazo (6, 7, 8) desde C:

$$V^C_{61} = V^D_{51} + W_{61} \times DC = V(\cos\phi, \operatorname{sen}\phi) + W_{61} 3R(-\cos\phi, -\operatorname{sen}\phi)$$

$$V^C_{61} = V^E_{81} + W_{71} \times EC = -W_{81}R\ j - W_{71}6R\ i$$

$$V\cos\phi - W_{61} 3R\cos\phi = -W_{71}6R\ \Big|$$

$$V\operatorname{sen}\phi - W_{61} 3R\operatorname{sen}\phi = -W_{81}R\ \Big|$$

Tenemos W_{61} (I), por tanto, podemos resolver el sistema anterior. Para la aceleración, vamos directamente al lazo final, puesto que la incógnita pedida (aceleración angular del eslabón 7) está en él.

Así:

$$a^C_{61} = \cancel{a^C_{67}} + a^C_{71} + 2W_{71} \times \cancel{V^C_{67}} = a^E_{81} + W^2_{71}6R\ j + \alpha_{71}6R\ i$$

$$a^E_{81} = a^{E,NOR}_{81} + a^{E,TAG}_{81} = [V^E_{81}]^2/6R]\ i + \alpha_{81}R\ j$$

$$a^C_{61} = \cancel{a^D_{51}} + W_{61}^2 3R(\operatorname{sen}\phi, -\cos\phi) + \alpha_{61}3R(\cos\phi, \operatorname{sen}\phi)$$

$$[V^E_{81}]^2/6R] + \alpha_{71}6R = W_{61}^2 3R\operatorname{sen}\phi + \alpha_{61}3R\cos\phi\ \Big|$$

$$\alpha_{81}R + W^2_{71}6R = -W_{61}^2 3R\cos\phi + \alpha_{61}3R\operatorname{sen}\phi\ \Big|$$

Debemos recordar que en el sistema anterior (por los datos del enunciado) $\alpha_{61} = 2\alpha_{71}$, con lo que solo tendremos 2 incógnitas.

PROBLEMA 40

En el mecanismo de la figura los discos ruedan y no deslizan, con velocidades y aceleraciones angulares iguales (W y α). Se sabe que la velocidad angular del eslabón 7 es 4W, mientras que la aceleración angular de dicho eslabón 7 es - 3α. Calcular la aceleración a^D_{65}.

DATOS. Los radios de los discos son 2R y R respectivamente.

Tanto φ como θ, son menores de 45°.

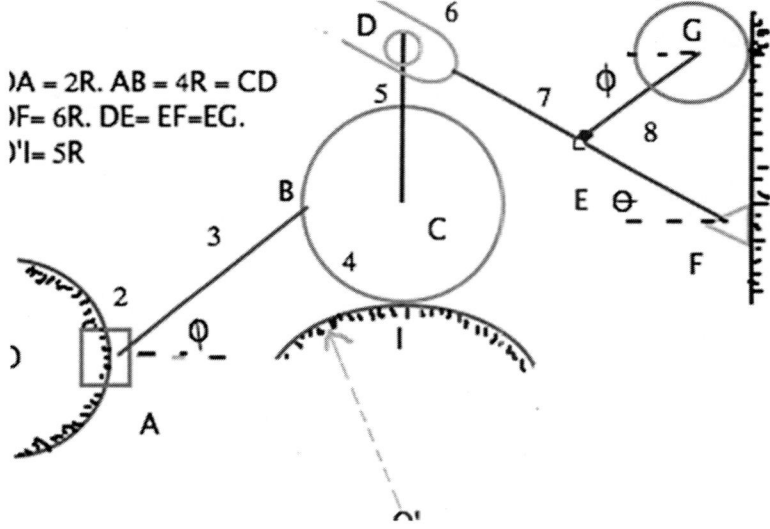

)A = 2R. AB = 4R = CD
)F= 6R. DE= EF=EG.
)'I= 5R

Iniciamos la resolución por el lazo (2, 3, 4):

$$V^B_{31} = V^A_{21} + W_{31} \times AB = V^A_{21} \, j + W_{31} 4R \, (-sen\phi, \, cos\phi)$$

$$V^B_{31} = V^B_{41} = V^C_{41} + W_{41} \times CB = -W2R \, i - W2R \, j$$

$$-W_{31} 4Rsen\phi = -W2R$$

$$V^A_{21} + W_{31} 4R. \, cos\phi = -W2R$$

$$W_{31} = W / 2 \, sen\phi \qquad V^A_{21} = - 2WR \, (1 + cotag\phi) \quad \rightarrow \, (-j)$$

Continuamos por el lazo (4, 5, 6, 7):

$$V^D_{61} = V^D_{65} + V^D_{51} = V^D_{65}(-\cos\theta, \mathrm{sen}\theta) + V^C_{41} + W_{51} \times CD$$
$$= V^D_{65}(-\cos\theta, \mathrm{sen}\theta) - W2R\ i - W2R\ j - W_{51}4R\ i$$

$$V^D_{61} = \cancel{V^D_{67}} + V^D_{71} = W_{71}6R(-\mathrm{sen}\theta, -\cos\theta)$$

(4W) (DATO DEL ENUNCIADO)

$$-V^D_{65}\cos\theta - W2R - W_{51}4R = -4W6R\ \mathrm{sen}\theta,\ \Big|$$
$$V^D_{65}.\mathrm{sen}\theta - W2R = -4W\ 6R.\cos\theta\ \Big|$$

$$V^D_{65} = 2WR((1/\mathrm{sen}\theta) - (12\cot g\theta))$$

+k si, $\cos\theta < 1/12$. En caso contrario, su sentido es el opuesto.

$$W_{51} = 6W\ \mathrm{sen}\theta - W/2(1 + [\cot g\theta(1 - 12\cos\theta)])$$

Su valor es positivo con las condiciones del problema, solamente si se cumple, $12\cos2\theta < \mathrm{sen}\theta + \cos\theta \rightarrow \cos\theta - \mathrm{sen}\theta < 1/12$ Supondremos que esto es lo que se cumple en el resto de la resolución del problema.

DATO. Recordad que $\cos2\theta = (\cos\theta + \mathrm{sen}\theta).(\cos\theta - \mathrm{sen}\theta)$

Como la incógnita pedida es la aceleración de D (del eslabón 6 referido al 5), para aplicar las relaciones de las aceleraciones, nos vamos al lazo 5,6,7.

$$a^D_{61} = a^D_{65} + a^D_{51} + 2W_{51} \times V^D_{65}$$

$$a^D_{61} = \cancel{a^D_{67}} + W^2_{71}6R(\cos\theta, -\mathrm{sen}\theta) + 3\alpha6R(\mathrm{sen}\theta, \cos\theta)$$

$$a^D_{65} = a^D_{65}(-\cos\theta, \mathrm{sen}\theta)$$

$$a^D_{51} = -[V^C_{41}]^2/7R\ j + \alpha2R\ i - W^2_{51}4R\ j + \alpha_{51}4R\ i$$

$$2(6W\ \mathrm{sen}\theta - W/2(1 + [\cot g\theta(1 - 12\cos\theta)]))\ k$$

x [2WR((1 / senθ) - (12cotagθ))] [(−cosθ,senθ)]

Dejamos como ejercicio de álgebra al lector, la resolución del sistema.

PROBLEMAS

PARTE 2.
(EIRD, BASE, RULETA, SAVARY, INFLEXIONES...)

PROBLEMA 1

En el mecanismo siguiente, determinad las ecuaciones de la Base y de la Ruleta. Determinad también la aceleración del punto B, si el punto A, en el instante considerado desliza a velocidad constante.

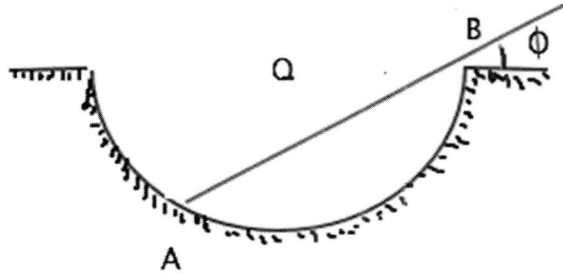

Conocidas las velocidades de dos puntos del mecanismo,

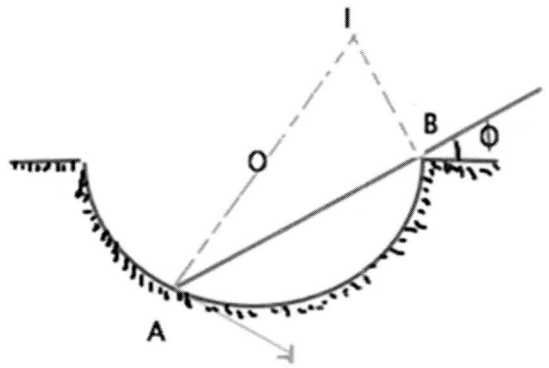

trazamos las perpendiculares a estas. Donde se corten, ahí estará el CIR. Tomamos dos sistemas de coordenadas, fijo y móvil, y al obtener las coordenadas en dichos sistemas, encontraremos las ecuaciones pedidas.

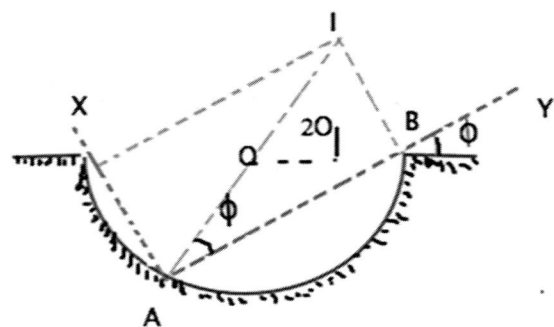

Estos son (x, y) (X, Y). En estos sistemas las coordenadas del CIR son:

$$X_I = OI. \cos 2\phi = R. \cos 2\phi; \quad Y_I = OI. \, \mathrm{sen}2\phi = R. \, \mathrm{sen} \, 2\phi$$

Eliminando el parámetro ϕ:

$$X_I^2 + Y_I^2 = R^2$$

Que es un circulo de radio R y centro en O. Análogamente, en el eje móvil:

$$x_I = AB = 2R \cos \phi; \quad y_I = 2R. \, \mathrm{sen} \, \phi$$

Eliminando ϕ:

$$x_I^2 + y_I^2 = 4R^2$$

Que es un circulo de centro en el origen del sistema móvil y radio 2R.

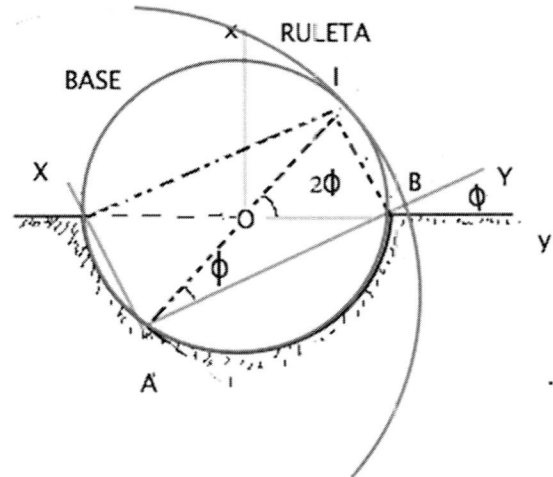

Por las propiedades del CIR podemos poner lo siguiente:

V_A = (CONSTANTE) = W. IA 2R

W = V / 2R (α = 0); V_B = IB. W = W.2R senϕ = V. sen ϕ

$a_B = a_A - W^2 AB + \alpha \times AB =$

$= - W^2 (2R \cos^2\phi \, i + 2R \cos\phi \, sen\phi \, j)$

Podemos comprobar que el punto A es el polo de aceleraciones, aplicando (38) (con aceleración angular nula):

BH = W^2 . a_B / W^4 = - W^4 (2R .$\cos^2\phi$ i + 2R$\cos\phi sen\phi$ j)/ W^4
        = BA.

PROBLEMA 2

En el mecanismo de la figura se muestra una escuadra recta que desliza por su extremo A por la pared vertical, de forma que dicho tramo vertical mida a, y el otro tramo (perpendicular a este brazo) desliza pasando por (el interior de-) un punto B que dista del origen, la misma distancia anterior a. Obtened las ecuaciones de la BASE y de la RULETA.

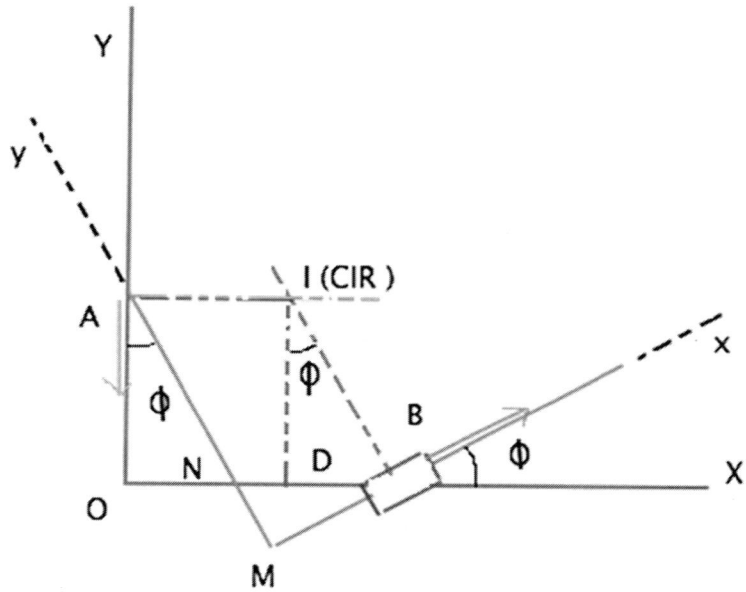

(TOMAR OB= AM = a)

Una vez obtenido el CIR, veamos las ecuaciones de ambas (de nuevo ejes fijos (X, Y) y móviles (x, y)):

$X = OD = a - DB = a - Y \cdot tag\phi$ (I)

Pero:

$Y = AN\,cos\phi;\ AN = AM - NM = a - Y\,tag\phi$

$Y = (a \cdot cos\phi) / (1 + sen\phi)$ en (I)

$X = a / (1 + \text{sen}\phi)$

$((a / X)- 1)^2 + (Y / X)^2 = 1$

$\downarrow$

$Y^2 = a (2X - a)$

Parábola de foco en B (y parámetro a) (BASE)

De la misma forma:

$x = MB = IC = AI.\cos\phi = X.\cos\phi = (a\cos\phi)/(1+\text{sen}\phi)$

$y = IB = ID / \cos\phi = a / 1+ \text{sen}\phi$

Parábola, pero de foco en A y parámetro a.

$$x^2 = a (2y - a)$$

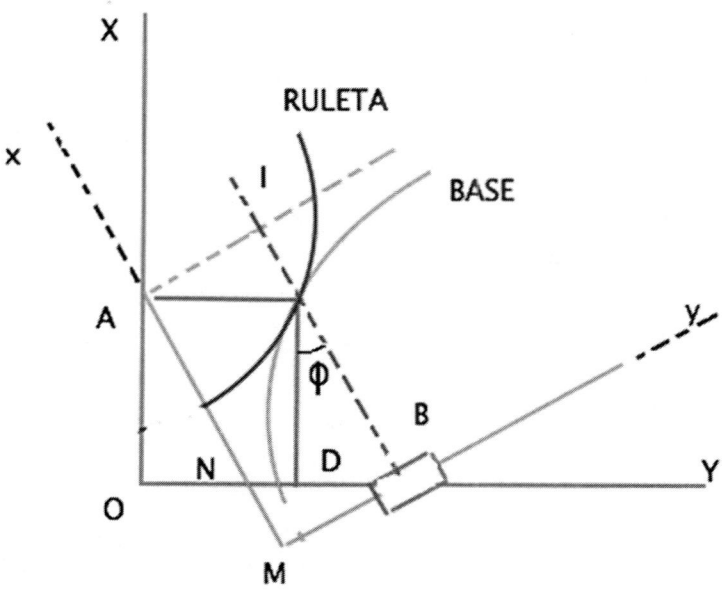

173

PROBLEMA 3

Un paralelepípedo OABCDEFG, de lados OA= 3L, OC = 4L y OE= 12L, rota en torno a su lado OC, con una velocidad angular 12 W. Se le dota con una velocidad de 13u m/s, dirigida en torno a la diagonal OG (ver figura). Encontrad la ecuación del EIRD. Calculad la velocidad de deslizamiento mínimo. Calculad también la velocidad de D.

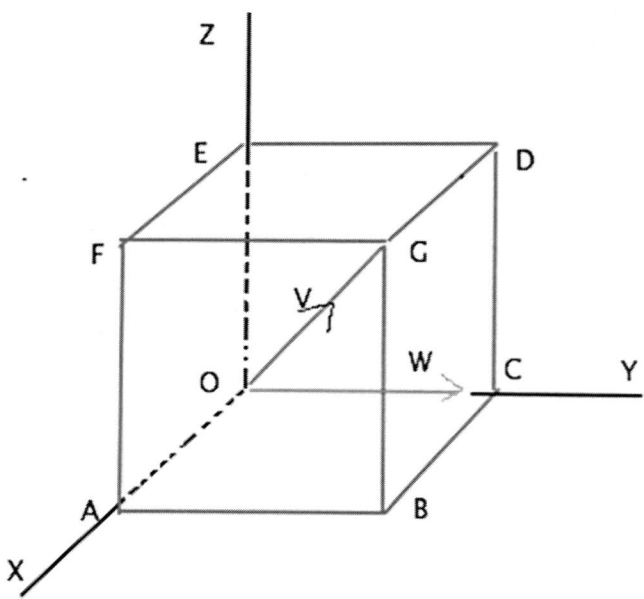

Calculemos el vector velocidad:

$V = 13\,u \cdot U_{OG} = 3u\,i + 4uj + 12u\,k$

$V_{MIN.DESL} = W \cdot V / W = 4u.$ (dirigida en el sentido de OY)

Pero:

$V_I = 0 = V_O + W \times OI = 0 = 3uI + 4uJ + 12uK + \begin{vmatrix} I & j & k \\ 0 & 12W & 0 \\ x & y & z \end{vmatrix}$

$3u + 12\,W\,z = 0; \quad 4u = 0; \quad x\,W + u = 0$ \hfill (I)

Como el EIRD cumple que V II W, también podemos expresarlo así:

$$(3u + 12 W/ 0) = 4u / 12W = (x W+ u)/ 0$$

Operando con (I):

$$X = u /W \qquad z = - u / 4W \qquad \text{(ECUACIÓN DEL. EIRD)}$$

Para calcular V_D, aplicamos la ecuación general:

$$V_D = V_O + W \times OD = (3u+ 144 WL)i + 4uj +12uk$$

Con $(x,y,z)_D = (0, 4L, 12L)$

Para comprobar que el producto W.V es una de las invariantes escalares, podemos efectuar un cambio de origen de coordenadas, y lo hacemos tomando nuevo origen en I. Es decir, que las nuevas coordenadas de I son:

$$x' = u /W, \quad y' = 0, \quad z' = - u/4W$$

O sea, que referidas a estas, las nuevas coordenadas de D serán:

$$x'_D = x_D - x = = - u / W \quad , y'_D = 4L, \quad z'_D = 12L-(- u/ 4W)$$

y la velocidad del nuevo origen O' será:

$$V_{O'} = V_O + W \times OO' = (3u,4u,12u) + \begin{vmatrix} i & j & k \\ 0 & 12W & 0 \\ u/W & 0 & -U/4W \end{vmatrix}$$

$$= 4u \, j$$

$$V_D = V_{O'} + W \times O'D = (3u + 144WL , 4u , 12u)$$

Y al calcular:

$$V_D . W / W = 4u \qquad \text{(INVARIANTE CINEMÁTICO)}$$

PROBLEMA 4

La rueda de un automóvil adquiere una velocidad V en un intervalo de tiempo, de forma que su movimiento es uniformemente acelerado. Localizar el polo de aceleraciones de dicha rueda, sabiendo que rueda y no desliza.

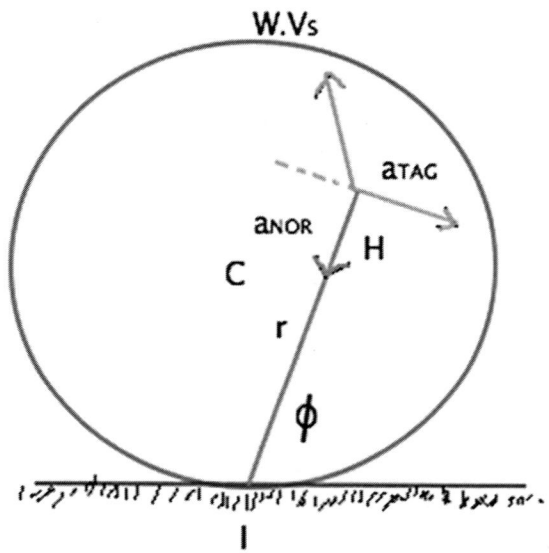

Por la rodadura sin deslizamiento:

$$V_c = V_I + W \times IC = W R i$$

$$a_c = a_I + \alpha \times IC - W^2 IC = - W \times V_s + \alpha \times IC - W \times C = \alpha R i$$

En el polo de aceleraciones (H):

$$a_H = a_I - W^2 IH + \alpha \times IH = -W \times V_s - W^2 IH + \alpha \times IH$$

Y en componentes (tangencial y normal):

$$a_{TAG} = \alpha r - W V_s . \cos\phi$$

$$a_{NOR} = - W^2 r + W V_s . \sin\phi$$

En el polo (H) se anulan ambas y al despejar tenemos tanto (ϕ) como (r) y, por tanto, la posición del polo de aceleraciones H (r. cosϕ, r. senϕ).

$$r = W V_s / [W^4 + \alpha^2]^{1/2} \qquad \text{tag o} = W^2 / \alpha$$

PROBLEMA 5

Una circunferencia de ecuación $x^2 + y^2 = 2Ry$, es la **RULETA** del movimiento plano de un sólido, cuya **BASE** es el eje x. Otra circunferencia de radio R es tangente con la anterior, y tiene su centro en la dirección marcada por ϕ. Determinar las coordenadas del centro de curvatura de esta circunferencia.

Suponer como caso particular que ϕ es 60°.

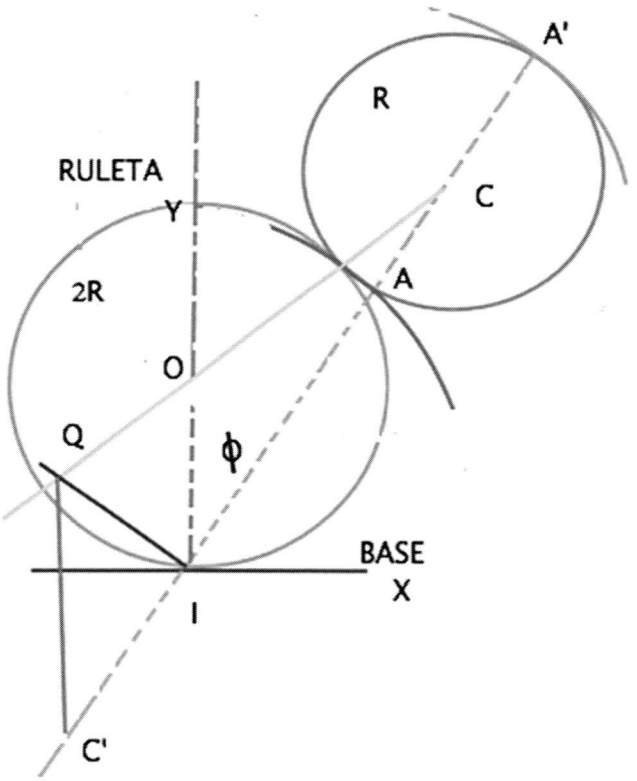

Por lo desarrollado en la introducción teórica, siempre hay dos puntos (aquí A y A') cuyas normales pasan siempre por el centro instantáneo. Esos puntos se denominan de «perfiles conjugados». Según las construcciones de Bobilier y aplicando Hartman, al trazar la línea que une esos puntos con el centro de la Ruleta, al cortar esta con la perpendicular trazada desde I tenemos un punto que nos va a permitir

obtener el conjugado del centro de curvatura de la circunferencia C'.
Para ello, obtenemos primero Q y luego trazando la normal, hasta
cortar la prolongación de la que pasa por C e I. Usando la Ecuación
de Euler.Savary:

$$1/ R_{BASE} + 1/ R_{RULETA} = \cos\phi \ (1/ IC + 1 / IC') \tag{I}$$

$$R_{BASE} \to OO \quad R_{RULETA} = 2R$$

Aplicando trigonometría al triángulo IOC:

$$OC^2 = OI^2 - 2 \ OC. \ IC \ .\cos\phi$$

$$(OC = 3R \quad Y \quad OI = 2R)$$

Tomando $\phi = 60$, de (II) tenemos:

$$9R^2 = 4R^2 - 2- \tfrac{1}{2}. \ 3R.OI \quad OI = 5R / 3$$

Poniendo ese valor en (I), calculamos OC'.

PROBLEMA 6

El extremo A de la barra de la figura desliza (ver figura) con una velocidad V. Obtener la ecuación de la BASE y de la RULETA del movimiento. Calcular la velocidad y la aceleración de B en función de la del extremo A.

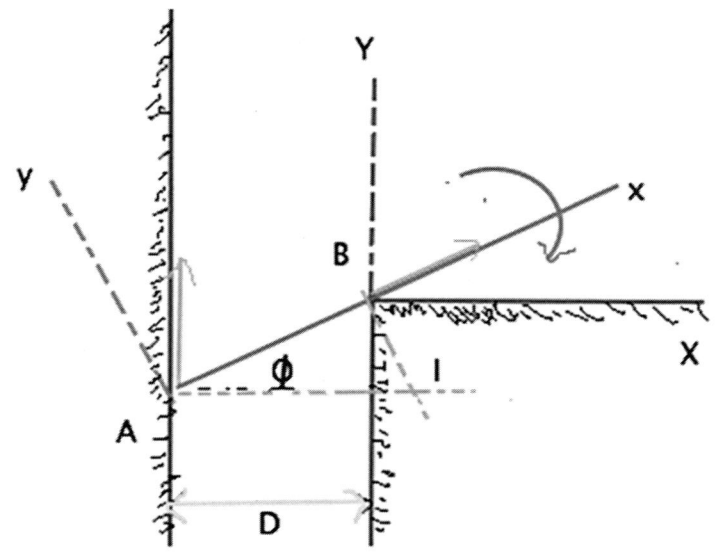

A partir de la geometría de la figura, podemos poner:

$$AB = D / \cos \phi \quad ; \quad AI = (AB/ \cos \phi)$$

$$BI = AI.\,sen\phi = D.\,sen\phi / \cos^2\phi$$

Luego:

$$X = BI.\,sen\phi \qquad Y =- BI.\,cos\phi$$
$$X = D\,tag^2\phi \qquad Y = - D.tag\phi$$

[ECUACIÓN BASE] . $D.\, X = Y^2$

De la misma forma:

$$x = AB = D/ \cos\phi; \quad y = -BI = - D\,sen\phi/ \cos^2\phi$$

Operando:

$$y^2 = D^2 \cdot sen^2\phi \,/\, cos^4\phi = D^2 (1 - cos^2\phi) / cos^4\phi = x^2 \cdot (x^2 - D^2)/ D^2$$

[ECUACIÓN RULETA]

Podríamos calcular la velocidad angular del sólido, a partir del CIR:

$$V_A = V_I + W \times IA$$

$$V_A = V = W \cdot D/ cos^2\phi$$

$$W = (V/ D) cos^2\phi = d\phi / dt \ldots \quad d\phi/ cos^2\phi = (V/ D) dt$$

Integrando (suponiendo t= 0 en $\phi = 0$), tenemos W y también α :

$$tag\ \phi = (V/ D) t \quad \ldots\ldots \quad W = VD/ D^2 + V^2 t^2$$

$$\alpha = d W /dt = V^2 t / [D^2 + V^2 t^2]^{1/2}$$

Y luego aplicar la ecuación de las aceleraciones para calcular a_B:

$$a_B = a_A - W^2 AB + \alpha \times AB \quad \text{(Con } a_A = 0, \text{uniforme)}$$

PROBLEMA 7

Hallar la ecuación de la BASE y de la RULETA de la biela AB, para el mecanismo biela-manivela de la figura.

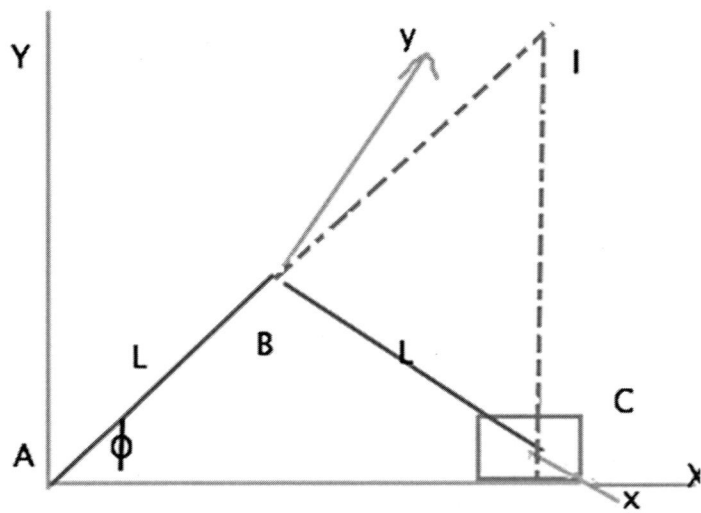

En la figura, hemos procedido, como siempre, para obtener el CIR, incorporando, además, dos sistemas de ejes fijo y móvil, para llegar a las ecuaciones de la BASE y de la RULETA.

De la geometría tenemos (gráfica):

$x = IB. \cos2\phi = L. \cos2\phi$

$y = L.sen2\phi$

ECUACIÓN RULETA. $x^2 + y^2 = L^2$

CIRCUNFERENCIA DE CENTRO EN B, Y RADIO L.

$X = AI. \cos \phi = 2L. \cos\phi; \quad Y = AI. sen \phi = 2L. sen \phi$

ECUACIÓN BASE $\quad X^2 + Y^2 = 4L^2$

CINCUNFERENCIA DE CENTRO A, Y RADIO 2L.

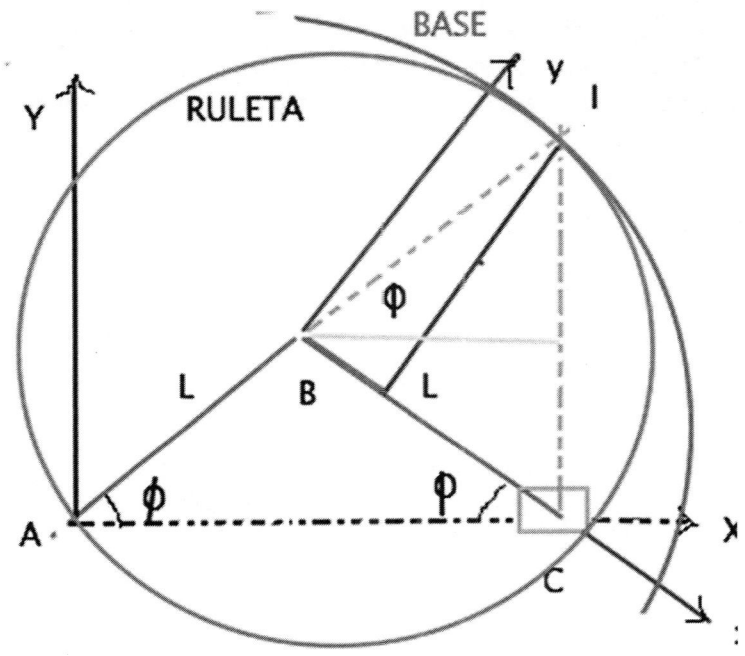

PROBLEMA 8

Un triángulo rectángulo cuyo lado AB= b se mueve de forma que otro de los lados AC quede tangente a una curva de la forma: y = b. Ch x, describiendo B un movimiento uniforme sobre el eje x. Hallad las ecuaciones la Base y de la Ruleta y el circulo de inflexiones.

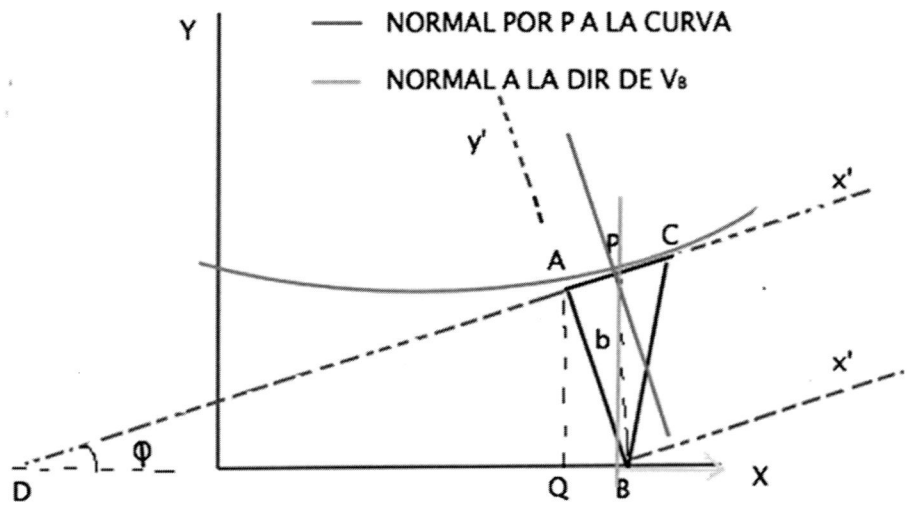

La forma de obtención del CIR será gráfica. Como el punto P es tangente a la curva, si encontramos la perpendicular a la curva, trazada por este punto, y la perpendicular a la velocidad de otro, de valor conocido (por ejemplo B, que se mueve sobre el eje x) tendremos el CIR.

Sabemos que el ángulo CAB es recto (enunciado) luego una paralela a AB, trazada desde P, nos da una de las rectas buscadas. La otra será una recta paralela al eje y que, como veremos ahora ¡PASA POR P!, por tanto, la intersección de ambas, será el punto P. Ese será nuestro CIR. ¿Cómo sabemos que la perpendicular trazada por B pasa por P? Porque vamos a demostrar que P está siempre en la misma vertical de B, tiene su misma abscisa.

Sea P (A, b. Ch A).

$$y = b. Ch\ x$$

$$y' = b. Sh\ x = tag\ \phi$$

Si queremos la recta tangente a la curva (en P):

$$Y - b. ch\ A = b.\ sh\ A\ (x - A)$$

Pero en D:

$$0 - b. ch\ A = b.sh\ A\ (x_D - A)$$

$$x_D = A - cth\ A$$

$$DB = b / sen\phi = b.\ [\ 1 + tag^2\phi]^{1/2} / tag\phi = cth\ A$$

Luego:

$$x_B = x_D\ (<0\ en\ la\ gráfica) + DB = A = x_P$$

Y por tanto la normal a V_B, trazada desde B pasará por P, que está en su vertical. **P es el CIR**.

Pero como P es un punto coincidente para la BASE y la RULETA, deducimos que la parte móvil que pasa por P (lado AC) será la ruleta, y la parte fija, la curva a la que P pertenece.

Para el cálculo de la circunferencia de inflexiones (en la que los puntos de esta no tienen aceleración normal y, por tanto **V** y **a**, serán paralelas), hacemos uso de la ecuación que relaciona cualquier punto del plano móvil con otro del fijo (con las transformaciones de coordenadas correspondientes). Tomamos un punto del sistema móvil M, y lo referimos todo a él.

$$x = x_A + x'_M. \cos\phi - y'_M. sen\phi\ ,$$

$$y = y_A + x'_M\ sen\phi + y'_M. \cos\phi$$

$x_A = vt - QB = v\,t - b.\text{sen}\phi$ $\qquad$ $y_A = b.\cos\phi$ $\qquad$ $A = vt = x_B$

$\text{sen}\phi = 1/\coth\; x_B$ $\qquad\qquad$ $\cos\phi = (1 - \text{sen}^2\phi)^{1/2}$

Sustituyendo en (I):

$x = vt - b\,\text{sen}\phi + x'_M\,(1/\text{ch}\,A) - y'_M\,\text{tagh}\,A$

$y = b/\text{ch}\,A + x'_M\,\text{tagh}\,A + y'_M.(1/\text{ch}A)$

Derivando dos veces, llegamos a las aceleraciones. Y recordad además, que:

$a_x/V_x = a_y/V_y$ $\qquad\qquad$ $(a_{NOR} = 0,\; a = a_{TAG}\; \text{II}\; V)$

Así llegamos al lugar geométrico de la circunferencia de inflexiones.

PROBLEMA 9

Una varilla de longitud L desliza por una pared inclinada, manteniendo en todo momento sus extremos en contacto con pared y suelo. Encontrad las ecuaciones de la BASE y de la RULETA de su movimiento.

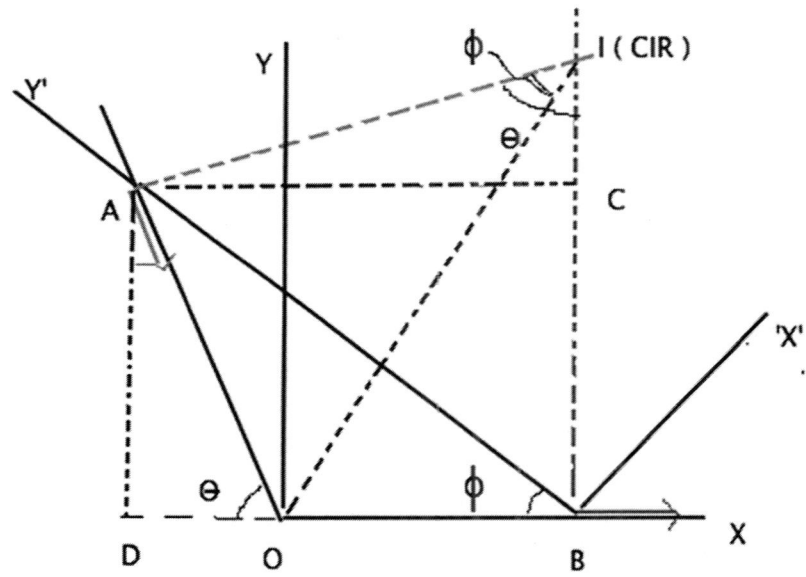

En la gráfica hemos situado ejes fijos (sin primar) y móviles, aparte de diferentes parámetros geométricos, necesarios para la resolución del problema.

$$X = L.\cos\phi - OD = L\cos\phi - L.\,\text{sen}\phi \,/\, \text{tag}\,\theta \tag{I}$$

$(\text{tag}\,\theta = AD\,/\,OD\,,\,AD = L.\,\text{sen}\phi)$

$$Y = L\,\text{sen}\phi + CI = L\,\text{sen}\phi + L\cos\phi \,/\, \text{tag}\theta \tag{II}$$

$(\text{tag}\theta = AC/\,CI,\;AC = L.\cos\phi)$

Eliminamos el parámetro ϕ:

$$X^2 + Y^2 = (L / \text{sen } \theta)^2$$

ECUACIÓN BASE (POLAR FIJA)

Circunferencia de radio L/ senθ y centro O.

[OI = AO / senϕ = AI / cos ϕ; Teorema seno triángulo OAIO

AI / cosϕ = L / senθ; Teorema seno triángulo AIBA]

En el sistema móvil:

X' = BI .cosϕ

Y' = BI . senϕ

BI= BC + CI = (Lsenϕ) + (L. cosϕ / tagθ)

$$[X' - L/ 2\text{tag}\theta]^2 + [Y' - L/ 2]^2 = L^2 / 4 + L^2 / 4. \text{tag}^2\theta = L^2 / 4.\text{sen}^2\theta$$

ECUACIÓN RULETA (POLAR MÓVIL)

Circunferencia de radio (L / 2. senθ) y centro (L/ 2. tagθ, L/2).

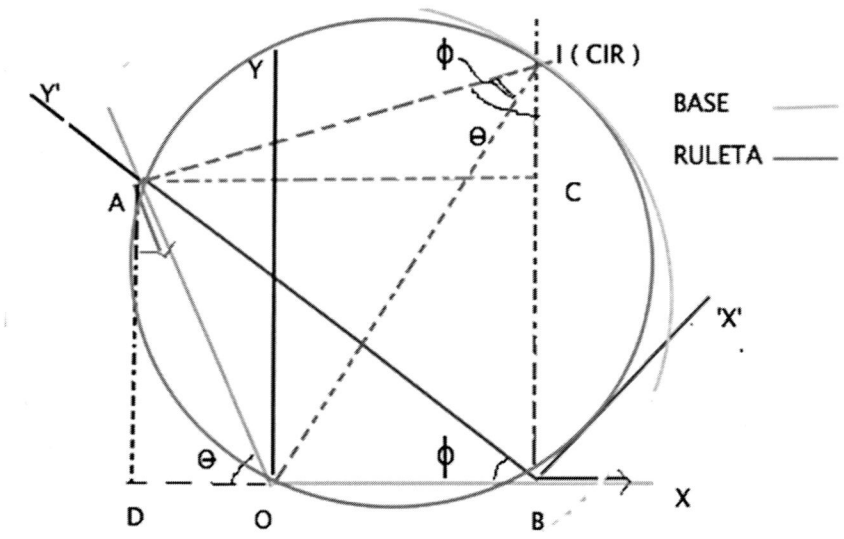

PROBLEMA 10

Una varilla de longitud L, desliza por la superficie externa de una circunferencia de radio R, con uno de sus extremos moviéndose sobre un eje horizontal (A). Obtener la ecuación de la BASE y de la RULETA del movimiento.

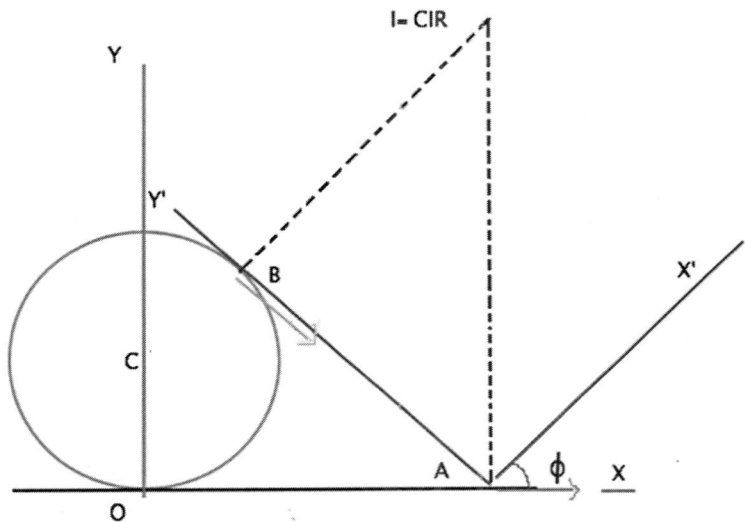

Hemos obtenido gráficamente el CIR, y ahora aplicaremos la descripción teórica **(22 (a, b) y 24 (a, b))**, para las fijas y las móviles, respectivamente:

$$X_I = X_A - dY_A / d\phi, \quad Y_i = Y_A + dX_A / d\phi \qquad \text{(I)}$$

$$X'_I = (dX_A/d\phi)\, sen\phi - (dY_A / d\phi).\, cos\phi$$

$$Y'_I = (dX_A/d\phi).cos\phi + (dY_A / d\phi)\, sen\phi \qquad \text{(II)}$$

$$X_A = R / tag (\pi/ 4 - \phi/2) \quad Y_A = 0$$

(Trigonometría triángulo CABC)

$$X_I = R \,/\, \tan(\pi/4 - \phi/2), \quad Y_I = R\,/\, \operatorname{sen}^2(\pi/4 - \phi/2) \qquad \text{(III)}$$

$$X'_I = (R/2 \operatorname{sen}\phi) \,/\, \operatorname{sen}^2(\pi/4 - \phi/2)$$

$$Y'_I = (R/2 \cos\phi) \,/\, \operatorname{sen}^2(\pi/4 - \phi/2) \qquad \text{(IV)}$$

Recordando que:

$$\tan^2\phi + 1 = 1\,/\,\cos^2\phi$$

$$\cos\phi = \operatorname{sen}(\pi/2 - \phi) = 2 \cdot \operatorname{sen}(\pi/4 - \phi/2) \cdot \cos(\pi/4 - \phi/2)$$
$$(\operatorname{sen}2\alpha = 2\operatorname{sen}\alpha \cdot \cos\alpha)$$

$$\cos(\pi/2 - \phi) = \operatorname{sen}\phi = \cos^2(\pi/4 - \phi/2) - \operatorname{sen}^2(\pi/4 - \phi/2)$$
$$(\cos2\alpha = \cos^2\alpha - \operatorname{sen}^2\alpha)$$

De (III) y (IV) salen las ecuaciones de la Base y la Ruleta:

$$Y_I = (X_I^2 \,/\, 2R) + R/2 \qquad\qquad X'_I = (Y'^2_I \,/\, 2R) - R/2$$

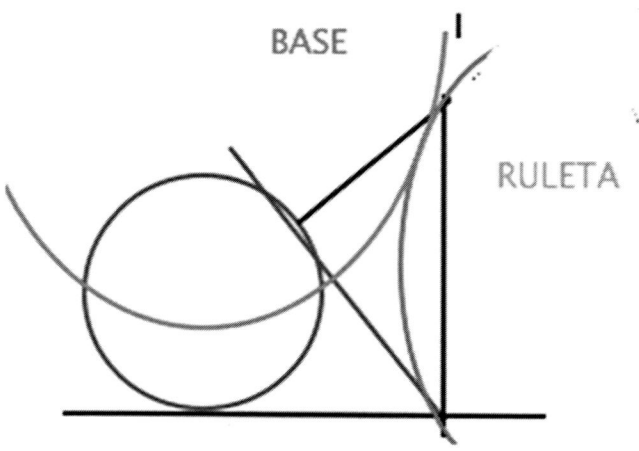

BASE

RULETA

190

PROBLEMA 11

Una lámina cuadrada de lado L se mueve de tal manera que dos de sus vértices, lo hacen cada uno sobre los ejes X e Y. Obtener las ecuaciones de la BASE y de la RULETA de su movimiento.

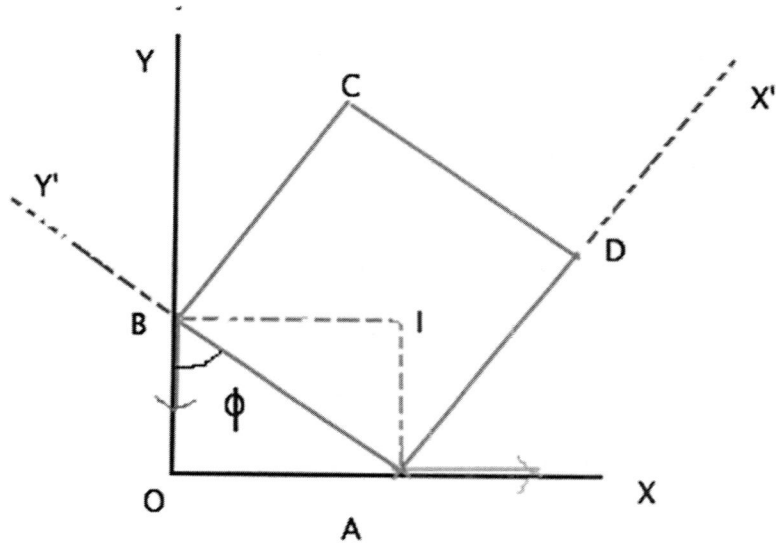

Como siempre, determinamos de forma gráfica (por los cortes de las perpendiculares, desde las velocidades de los dos puntos A y B vinculados al movimiento sobre los ejes perpendiculares), la posición del CIR (I).

De nuevo, como en el caso anterior, partimos de las ecuaciones paramétricas de la BASE:

$X_I = L. \operatorname{sen}\phi \qquad Y_I = d\, X_I / d\,\phi = L.\cos\phi$

$X_I^2 + Y_I^2 = L^2$

BASE (Circunferencia de centro O y radio L.)

$X'_I = (dX_B / d\phi)\operatorname{sen}\phi = L\operatorname{sen}\phi\cos\phi = L/2\operatorname{sen}2\phi$

$$Y'_I = (\, d\, X_B \,/\, d\phi)\, \cos\phi = L\cos^2\phi = L/2\,(1+\cos2\phi)$$

$$X'^2_I + (\, Y'_I - L/2 \,)^2 = (\, L\,/\,2\,)^2$$

RULETA (circunferencia de radio L/2, y centro (0, L/2))

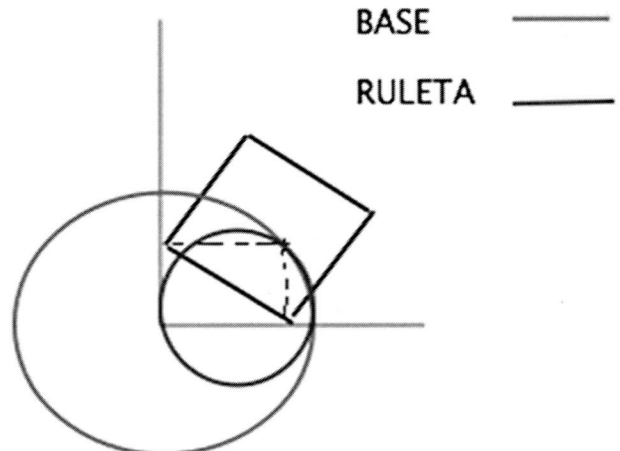

BASE ———

RULETA ———

PROBLEMA 12

En un plano se mueve una recta, tangente en todo instante a una circunferencia de radio R, formando un ángulo ϕ con la dirección -X+X (ver figura). Si A y C son dos puntos de la recta, que instantáneamente coinciden con A y C_1 de la curva, cumpliéndose Arco $_{AC1}$ = 2. D_{AC}, obtener las polares fija y móvil del movimiento de la recta.

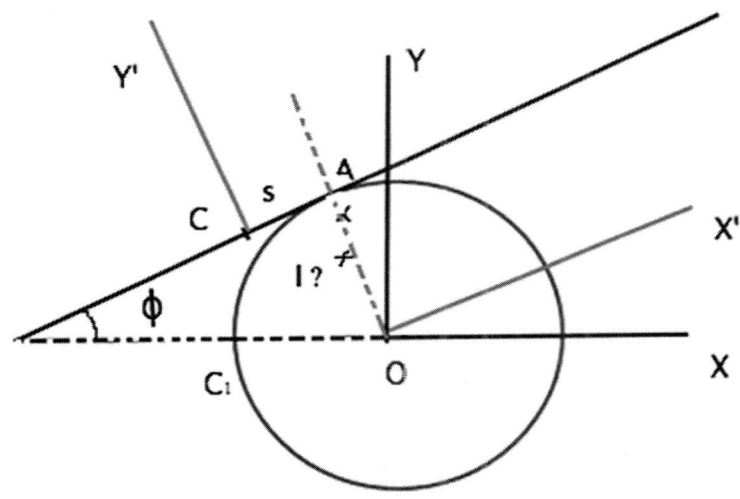

Tratemos de situar el CIR de forma aproximada. Los puntos de la recta se moverán sobre ella, y en el de contacto, para localizar el CIR trazaríamos la normal desde este punto (A), cumpliéndose:

$$V_I = V_A + W \times AI = 0 \qquad\qquad V_A = - W. AI \qquad\qquad (I)$$

Pero:

$$V_A = d\,s\,/\,dt \qquad ARCO\,(AC_1) = 2.\ D\,(AC) = 2s$$

$$R.(\,\pi\,/\,2 - \phi\,) = 2\,s \qquad ds/\,dt = -\,(R\,/\,2).\,(\,ds\,/\,dt\,)$$

$$ds/\,dt = -\,(\,d\phi\,/\,dt\,).\ AI \qquad \rightarrow AI = x = R\,/2$$

Todo esto se puede deducir de otra forma. Primero localizaremos en el sistema móvil, las coordenadas del punto A, en su movimiento tangente a la circunferencia:

$$O \, C = OA + AC = OA - CA$$

$$OA = R \, j' \quad CA = = \tfrac{1}{2} \, ARCO \, (\, AC_1 \,) = R/2 \, (\, \pi/2 - \phi \,) \, i'$$

Pero:

$$i' = (\cos\phi, \operatorname{sen} \phi) \quad ; \quad j' = (-\operatorname{sen}\phi, \cos\phi)$$

Luego:

$$X'_c = -R\{ \operatorname{sen} \phi - 1/2 \, (\, \phi - \pi/2 \,) . \cos\phi \}$$

$$Y'_c = R\{ \cos \phi + 1/2(\, \phi - \pi/2 \,) \operatorname{sen}\phi \}$$

Aplicando las ecuaciones 22 (a, b) y 24 (a, b) de la teoría:

$$X = X_c - dY_c /d\phi$$

$$Y = Y_c + dY_c / d\phi$$

$$X' = (\, dX_c /d\phi \,) \operatorname{sen}\phi - (\, dY_c/d\phi). \cos\phi$$

$$Y' = (\, dX_c / d\phi). \cos\phi + (\, dY_c /d\phi \,) . \operatorname{sen}\phi$$

Sustituyendo en las ecuaciones anteriores, llegamos a:

$$X' = R/2 \, (\pi/2 - \phi) \qquad X' = -R/2 \qquad \text{(RULETA)}$$

RECTA A R/2, POR DEBAJO DE C.

$$X = -R/2 \operatorname{sen}\phi \qquad\qquad Y = R/2 \cos\phi$$

$$X^2 + Y^2 = (R/2)^2 \qquad (\text{BASE})$$

CIRCUNFERENCIA DE CENTRO EN O, Y RADIO R/2.

Para la circunferencia de inflexiones, tendríamos:

INVERSIONES.

$$2\rho = W.V_{suc} / \alpha \;\to\; OO \qquad (\alpha = 0)$$

INFLEXIONES

$$2\rho = V_{suc} / W = R/2$$

$[V_{suc} = d\,(\mathbf{W \times n}) = W\,R\,/2\;(\text{-}\,\mathbf{i}\,')$

$(\mathbf{n}\,(\text{sentido BASE a RULETA}))$

$\mathbf{a_l} = \text{-}\,\mathbf{W \times V_{suc}} = W^2\,R\,/2\;\mathbf{j'}]$

CIRCUNFERENCIA DE DIÁMETRO R/2.

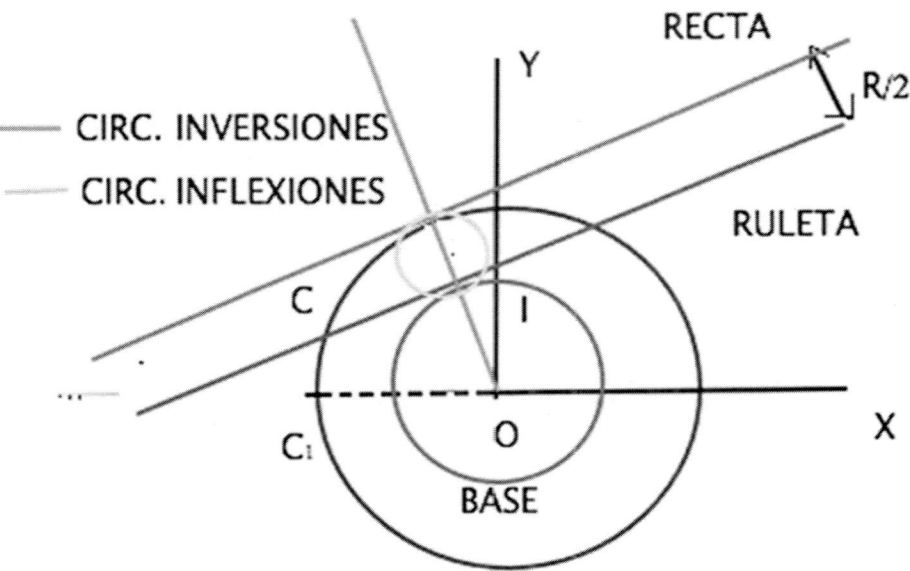

PROBLEMA 13

Un disco de radio R rueda sin deslizar, sobre el eje fijo OX con una velocidad angular W (sentido horario). Otro disco (con el mismo radio R) se mueve, manteniéndose en contacto siempre con el primero. Si entre los discos hay rodadura pura, obtener la BASE y la RULETA del segundo. Calcular también la aceleración del punto A del primer disco (punto de contacto con la superficie horizontal), visto desde el segundo.

Sabemos que por rodar y no deslizar el primer disco, su CIR será el punto A (I_{12}) ver figura en la pagina siguiente. Entre los dos discos (hay rodadura pura) tendremos el segundo CIR (relativo) del segundo respecto al primero (I_{23}). Por el Teorema de Kennedy de los tres centros (el I_{13}) deberá de encontrase sobre la línea que los une. Pero la línea de movimiento del centro C' será paralela al eje OX. Trazando una perpendicular, desde C' encontraremos el CIR del segundo disco, que estará en D.

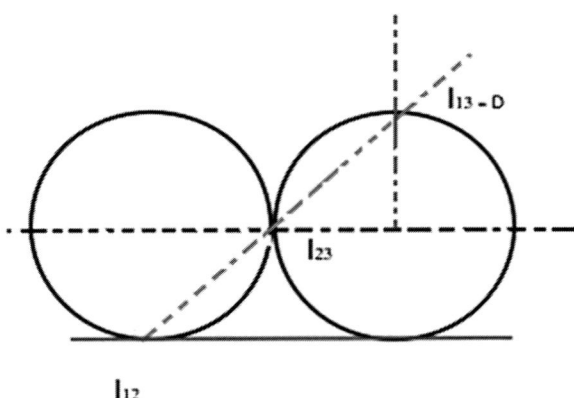

Pero es que, además, este se encontrará siempre R metros por encima de C'. En efecto, aplicando la fórmula general del cálculo del CIR:

$$C'CIR = W (\text{ disco 2 }) \times V_{c'} / W^2$$

196

La velocidad de rotación del segundo disco es W k (como demostraremos a continuación), y la velocidad de C' será WR i, por lo que C'CIR = R **j**. O sea R metros por encima de C', luego las coordenadas del CIR del segundo disco, referidos a los ejes fijos serán:

$$X = X_{C'} \quad \left| \right.$$

$$Y = 2R \quad \left| \right. \qquad \text{(BASE)}$$

Para las ecuaciones de la ruleta, en los ejes móviles (en su movimiento de giro) tenemos:

$$X' = R \cdot \cos \phi \quad \left| \right.$$

$$Y' = R \cdot \text{sen} \phi \quad \left| \right. \qquad X'^2 + Y'^2 = R^2 \quad \text{(RULETA)}$$

$$V^B_{23} = V^B_{32} = 0$$

$$\mathbf{V}^B_{21} = \mathbf{V}^B_{31}$$

$$\mathbf{W} \times I_{12}B = \mathbf{W'} \times I_{13}B$$

Pero si la velocidad de B es única y, además:

$$I_{12}B = -I_{13}B$$

¡¡¡Entonces W' = - W = W k!!!

Para el cálculo de la aceleración relativa del punto A (que es un CIR) del primer disco respecto al segundo, procedemos así:

$$a^A_{23} = a_D - W^2_3 DA + \alpha_3 \times DA$$

$$a_D = - W_{REL(2/3)} \times V_{SUC}$$

$$V_{SUC} = d \, (W_{REL(2/3)} \times n)$$

Con:

$$n = j \qquad W_{REL(2/3)} = -2W\,k \qquad d = R$$

$$a^A_{23} = 2W^2 R\,(i + 2j)$$

PROBLEMA 14

Calcular la velocidad de D en el mecanismo de la figura, aplicando las definiciones de los CIR. El disco rueda y no desliza sobre el suelo y está siempre en contacto con la barra OA.

DATOS. W (DISCO) = 2W k . 0A= AD = OD . AM = 6R

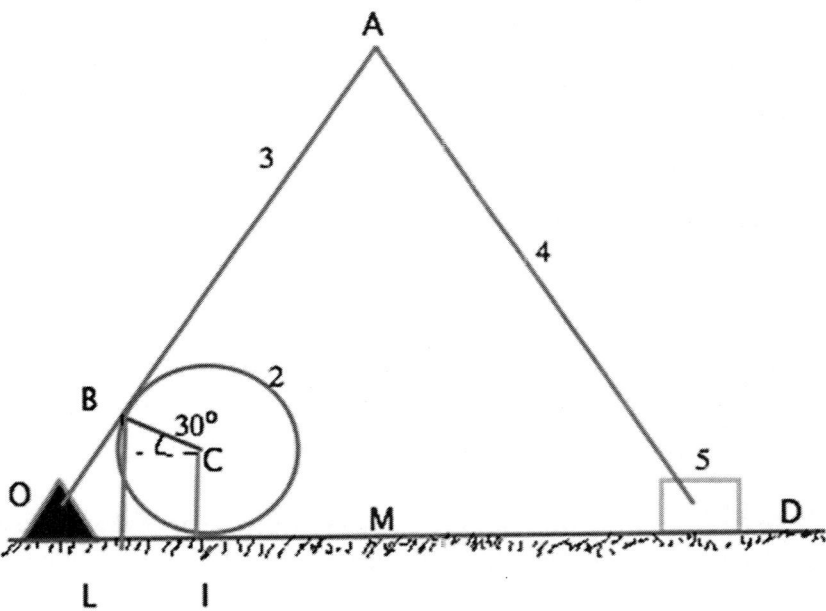

Es un problema que por el número de eslabones parece complicado, pero en el que si aplicamos CIR, la solución es sencilla, si nos damos cuenta que tanto A como D pertenecen al mismo eslabón (4). Aplicamos las relaciones cinemáticas al lazo (2, 3).

$$V^B_{31} = V^B_{32} + V^B_{21} \tag{I}$$

$$V^B_{31} = \cancel{V_0} + W_{OA} \times OB = W_{OA} . OB (- \cos 30, sen 30)$$

BL = OB. Sen 60   BL= R+ R sen 30 = 3R/2

$$OB = R [3]^{1/2}$$

$V^B_{32} = V_{REL}$ (cos 60, sen 60). El disco rueda, pero el enunciado no aclara si CON o Sin deslizamiento. Por ello, incluimos este término, paralelo a la superficie de contacto disco-barra.

$$V^B_{21} = V_C + W_{DISCO} \times CB = -2WR \, i + 2WR \, (-\cos 60, -\sin 60)$$

Sustituyendo en (I), tenemos: $W_{OB} = W \, k$.

La velocidad de A será entonces:

$$V^A_{31} = V_O + W_{31} \times OA = W. \, OA \, (-\cos 30, \sin 30)$$

$$6R = OA. \, \sin 60 \qquad \rightarrow \qquad OA = 4R \, [3]^{1/2}$$

Pero es que, además, tenemos que A pertenece al eslabón 4

$$V^A_{31} = V^A_{34} + V^A_{41} = V^A_{41} = W^{CIR}_4 \times I_{14}A$$

Tenemos que D también pertenece al eslabón 4, y conocemos su movimiento (plano horizontal) ,¡¡¡¡ TENEMOS DOS PUNTOS DE LOS CUALES CONOCEMOS, SU DIRECCIÓN DE MOVIMIENTO.

Trazando las perpendiculares a estas, tendremos el CIR del eslabón. Como vemos en la figura, por simetría tenemos la distancia entre el CIR y A, y esto nos obliga (al ser igual a OA) a tomar W_{41} igual, **PERO OPUESTA** a W_{31}.

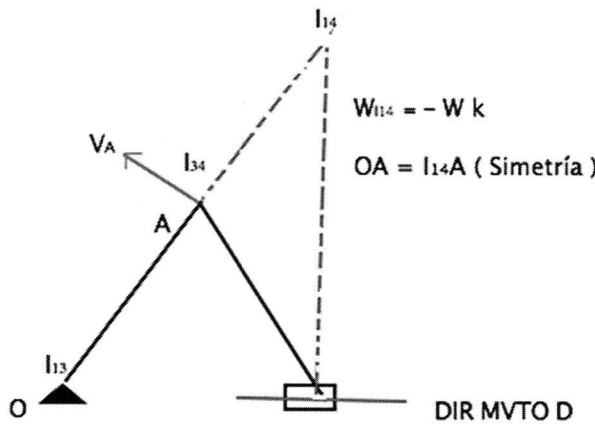

Una vez que tenemos el CIR:

$$V_D = W_{41} \times I_{14}D = -12 \, WR \, i$$

$$I_{14} \, D = 2. \, OA. \, \text{sen } 60 = 2. \, 4R \, [3]^{1/2} \, [3]^{1/2} \, / \, 2 = 12 \, R.$$

Podemos comprobar que los CIR 31, 34 y 41 están alineados, como implica el Teorema de KENNEDY.

PROBLEMA 15

Aplicando CIR , calcular la velocidad del eslabón 4 (V^B_{41}).

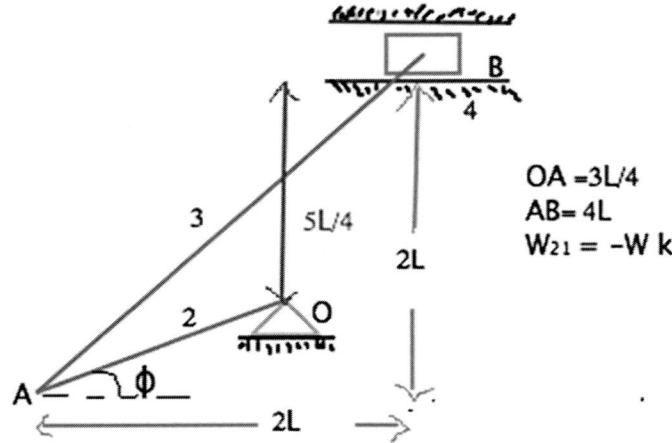

$$OA = 3L/4$$
$$AB = 4L$$
$$W_{21} = -W \, k$$

Como vemos, iniciamos el problema localizando TODOS los CIR, los de inmediata localización en primer lugar, lógicamente, para luego con el polígono auxiliar, determinar el resto (tanto ABSOLUTOS como RELATIVOS).

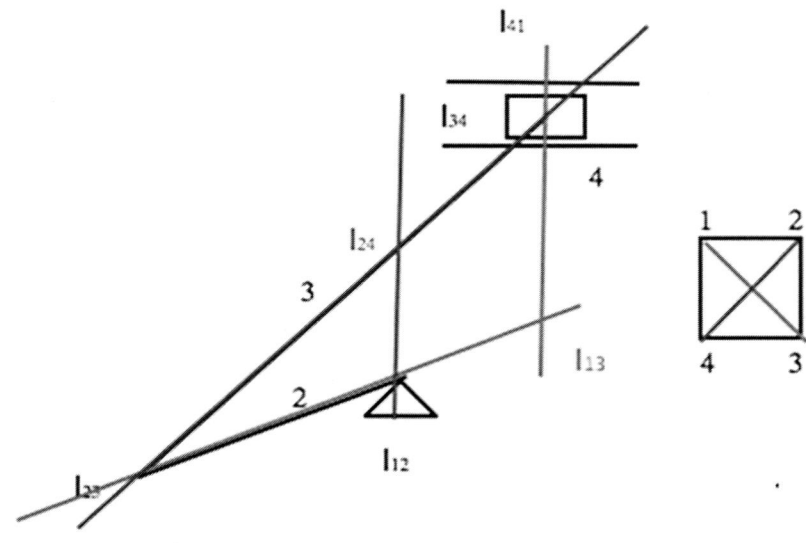

Sabemos que:

$$V^{I23}_{23} = 0 = V^{I23}_{21} - V^{I23}_{31}$$

$$W_{21} \times l_{12}l_{23} = W_{31} \times l_{13}l_{23}$$

$$-W \; k \times (\; 3L/4 \; \cos\phi, \; 3L/4 \; \text{sen}\phi \;) = W_{31} \; k \times (\; 2L, \; 2L\tan\phi \;)$$

Y ya tenemos la W_{31} (claramente el sentido es el horario, -k)

Por lo mismo que en el caso anterior podemos poner:

$$V^{I34}_{34} = 0 = V^{I34}_{31} - V^{I34}_{41}$$

$$W_{31} \times l_{31}l_{34} = V^{B}_{41}$$

$$W_{31}(\; -k \;) \times (\; 2L, \; 2L - 2L \; \tan\phi \;) = V^{B}_{41}$$

PROBLEMA 16

En un sistema indeformable, se conoce I y el polo de aceleraciones H (ver figura) además de la velocidad de un punto dado A. Usando la construcción de Hartmann, determinar el centro de curvatura del punto B., sabiendo que la aceleración angular es cero.

Suponer giro de W , horario.

ESCALA 1 cm → 1 cm. 1 cm → V cm / sg

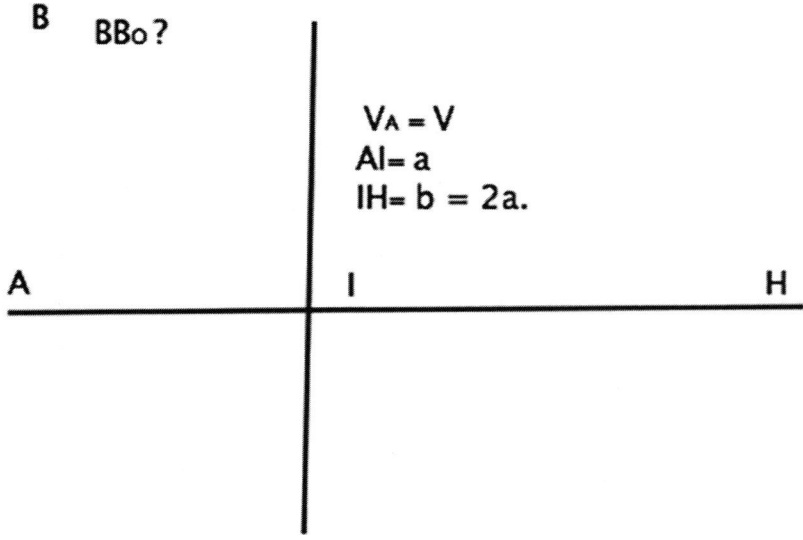

Dado el punto A, podemos poner:

$$V_A = V_I + W \times IA \rightarrow V = W.a \rightarrow W = V / a$$

Para obtener el centro de curvatura de A (y poder aplicar Hartmann, ya que entonces tendríamos un punto y su centro de curvatura) necesitamos la velocidad del polo. O sea, la velocidad de sucesión.

$$V_S = V_H = V_I + W \times IH \rightarrow V_S = W. 2a = 2V$$

Y para obtener el centro de curvatura de A (AA_O), nos falta la aceleración normal de A:

$$AA_O = V_A^2 / a^{NOR}_A$$

Pero:

$$a_A = \cancel{a_H} + W \times W \times HA + \alpha \cancel{\times} HA = -W^2\, HA \rightarrow a^{NOR}_A = W^2\, (a + b)$$

$$a^{NOR}_A = 3\, W^2 a \rightarrow AA_O = a/3.$$

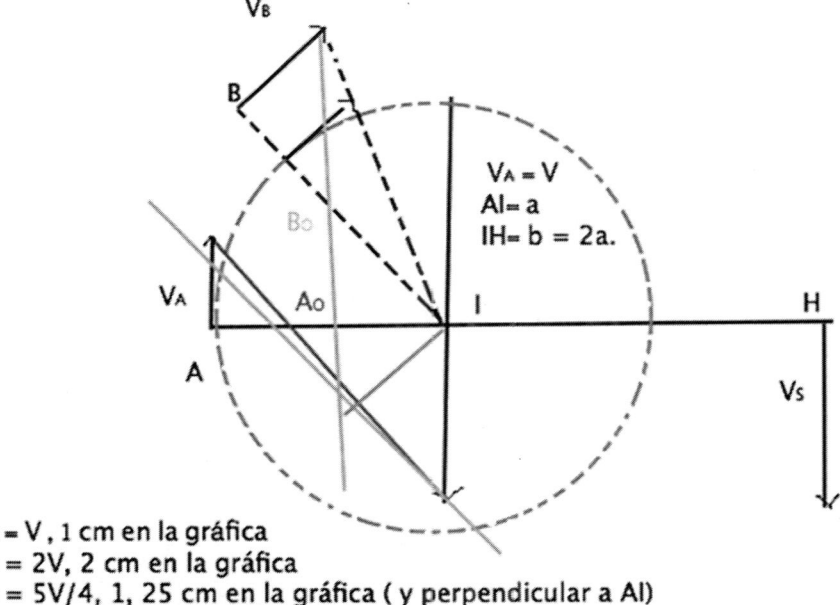

$V_A = V$, 1 cm en la gráfica
$V_S = 2V$, 2 cm en la gráfica
$V_B = 5V/4$, 1, 25 cm en la gráfica (y perpendicular a Al)
AA_O (al unir V_A con V_S)

Veamos lo que tenemos gráficamente. Trazamos la velocidad del punto A, trasladada (circulo rojo) con centro en I. Tenemos también la velocidad de B, a escala (V_B = W. BI = 1,25 V). El centro de curvatura de A lo tenemos uniendo el extremo de la velocidad de A con el de la velocidad de sucesión. Desde ese extremo de la velocidad de sucesión, una paralela a Ib (naranja). Y luego la normal a esta (violeta).

Ahí se aplica Hartmann, puesto que al unir el extremo de la velocidad en B con ese punto (azul claro), el corte con IB nos da el punto B_O.

PROBLEMA 17

En el mecanismo de la figura, y haciendo uso del método de los CIR, calcular la velocidad de D.

Escala 1 cm → 1 cm W_{21} = - W k = - 10 k.

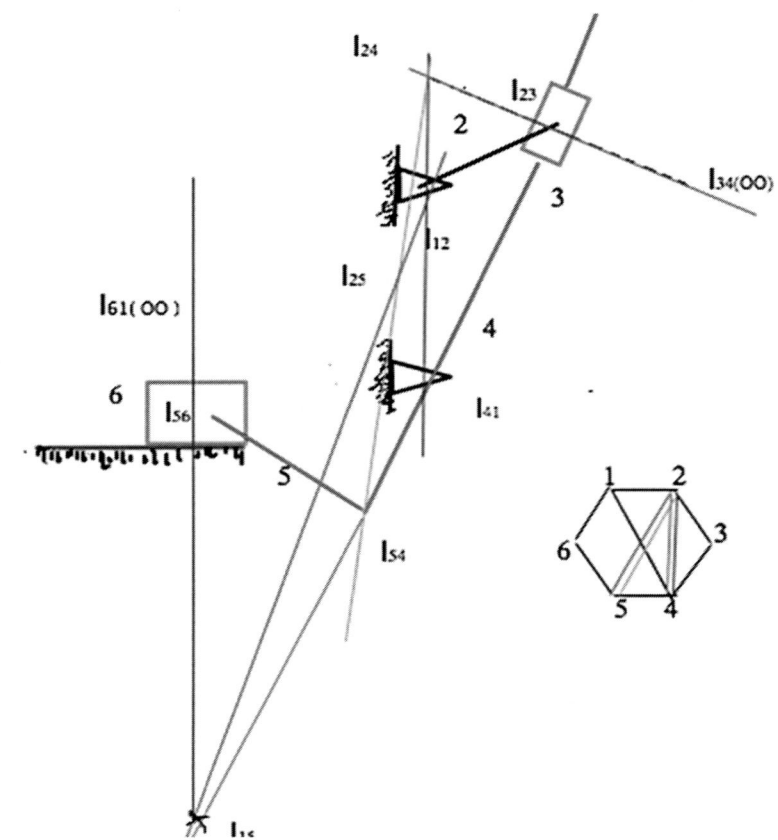

En la figura hemos identificado los CIR (I_{12}, I_{14} I_{23}, I_{34}[OO], I_{45}, I_{56}, I_{61}[OO])

Y luego de acuerdo con el polígono auxiliar, calculamos I_{24}, I_{15} e I_{25} que nos bastarán para resolver el ejercicio. Así el CIR que viene de la intersección entre las líneas azul y violeta, será el I_{24}, el que viene de la intersección de las líneas naranja y roja el I_{25}. Y el I_{15}, lo tendremos aplicando el Teorema (de los tres centros) de Kennedy.

Es inmediato ver **(las medidas se han realizado sobre copia impresa en folio DIN A4, papel de impresora de 75 g):**

$$I_{12}I_{24} = 2 \text{ cm} \qquad I_{14}I_{24} = 5,5 \text{ cm} \qquad I_{12}I_{25} = 2 \text{ cm}$$

$$I_{15}I_{25} = 10,7 \text{ cm} \qquad I_{25} \,(\,D\,) = 7,5 \text{ cm}$$

En módulo:

$$V_{I24} = I_{12}I_{24}.\, W_{21} = I_{14}I_{24} \cdot W_{41}$$

Expresión en la que se cumple (como vimos en teoría) la proporcionalidad entre las velocidades angulares y las distancias entre los CIR respectivos. Despejando:

$$W_{41} = 2.\,10\,/\,5,5 = 3,6 \text{ rad / s}$$

$$V_{I25} = I_{25}I_{12}\,.W_{21} = I_{15}I_{25}\, W_{51}$$

$$W_{51} = 2.\,10\,/10,7 = 1,86 \text{ rad / s}$$

$$V_D = I_{15}\, D.\, W_{51} = 1,86 \cdot 7,5 = 14,0 \text{ cm/s}$$

PROBLEMA 18

El mecanismo en forma de triángulo de la figura (inicialmente con sus lados AB y AC, coincidentes con los ejes de coordenadas XY) se mueve de forma que su vértice A tiene una velocidad V, a lo largo del eje X. Demostrar que en un instante genérico cualesquiera, si CIR se encuentra en la posición (Vt, v/ W), siendo W la velocidad angular de rotación.

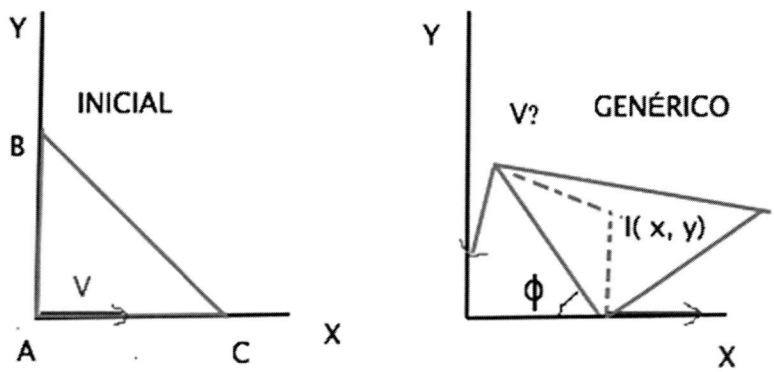

En primer lugar, nos damos cuenta de que el CIR deberá de ser el baricentro del triángulo, ya que es el único punto en el que se cortan las alturas (que son perpendiculares a los lados opuestos, trazadas desde cada vértice) para que se pueda cumplir que ¡V SEA PERPENDICULAR! a la línea que une cada vértice y el CIR

V = W x ACIR → V (PERP) ACIR y esto con cada vértice. Luego esto implicará (por las características del baricentro) que $V = V_B = V_C$. Por tanto, como en cada vértice, la velocidad es constante en módulo, solo habrá aceleración radial (dirigidas a lo largo de los lados) y, además, serán constantes en módulo (a):

$$a_C = a_A - W^2 AC + \alpha \times AC \rightarrow a = W^2. L$$

$$W = [a / L]^{1/2}$$

Y:

$$V_A = W \times IA$$

$V i = W k \times ((x - Vt)i + (y - X_A) j)$

$X = V t = X_A$ (está en su vertical)

$Y = V / W$

PROBLEMA 19

Calculad a partir de los métodos gráficos, la velocidad angular al variar las condiciones del problema, y suponer que inicialmente el lado estaba en posición vertical. Obtened las ecuaciones de la BASE y de la RULETA. Tomar la velocidad de B constante en modulo e igual a V, ya que, en principio, es desconocida y como veremos de esta manera, los cálculos gráficos son más sencillos.

Suponiendo que la velocidad es constante (al menos en módulo) para el vértice B, por construcción geométrica del polígono de velocidades, podremos poner:

$$V_B = V_A + W \times AB$$

V_B (módulo constante, dirección desconocida)

V_A (módulo V, dirección horizontal)

$V^{REL}(A/B)$ (módulo desconocido, dirección perpendicular a AB)

Gráficamente solo podemos poner:

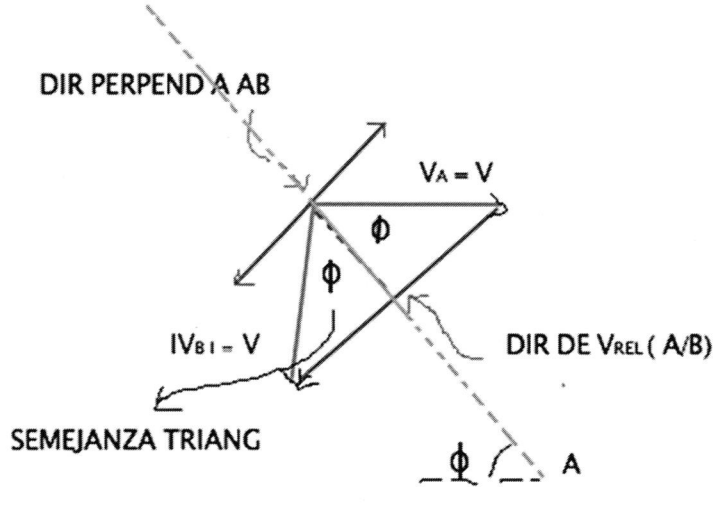

De la figura tenemos:

$$V^{REL}(A/B) = 2V \, \text{sen}\phi$$

Pero también como ϕ DISMINUYE, a medida que va girando el triángulo 8 y lo hace en la dir + k:

$$W = - d\phi / dt = - (V^{REL}(A / B)/ L) = (2V\text{sen}\phi) / L$$

INTEGRANDO

$$\left[\text{tag} (\phi / 2) = e^{-2V/L} \right]t$$

Aplicando la expresión general, para el cálculo del CIR:

$$ACIR = AI = k \times V_A / W$$
$$= L/ \, 2\text{sen}\phi\mathbf{j}$$

¡¡Es decir, está siempre encima de A!! (con respecto a A no hay componente x, es decir tiene ¡¡su misma x!!) Sus coordenadas serán:

$$x = V.t \qquad y = L/2 \, \text{sen}\phi$$

POLAR FIJA (BASE)

Para obtener la polar fija de otra forma podemos poner el senϕ, en función de la tag $(\phi/2)$ [mediante trigonometría, ya que tenemos una relación (entre corchetes) que nos lo permite]:

$$\text{sen}\phi = 2 \, \text{sen}(\phi/2).\cos (\phi/2) \times [\cos^2(\phi /2)/\cos^2(\phi /2)]$$

$$y = L/4 \left[e^{2x/L} + e^{-2x/L} \right] \qquad \textbf{BASE}$$

Para la polar móvil (y teniendo en cuenta lo razonado para el baricentro en el problema anterior):

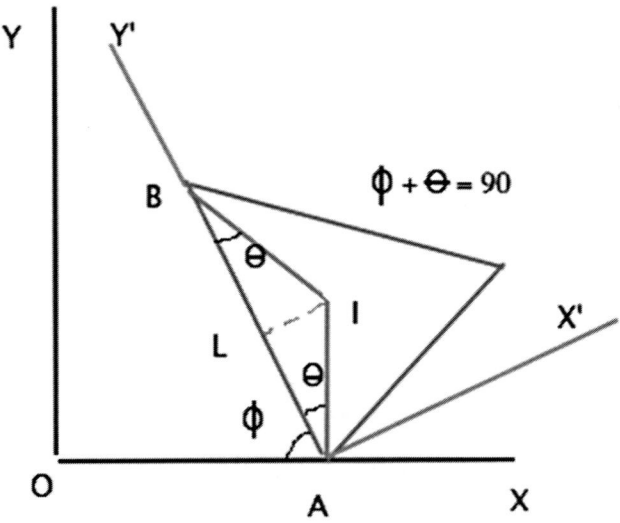

tag $(90 - \phi) = x' / y'$

2. Al. $\cos \theta = 2 . Y' = L \;\rightarrow\; Y' = L / 2$

POLAR MÓVIL (RULETA).

PROBLEMA 20

En un movimiento plano, la base es una recta, y un punto cualesquiera C , describe una curva de la forma: y = a. ch (x/ a)

Usando polares (coordenadas tomadas desde I (CIR)), hallar
la ecuación de la polar móvil (RULETA).

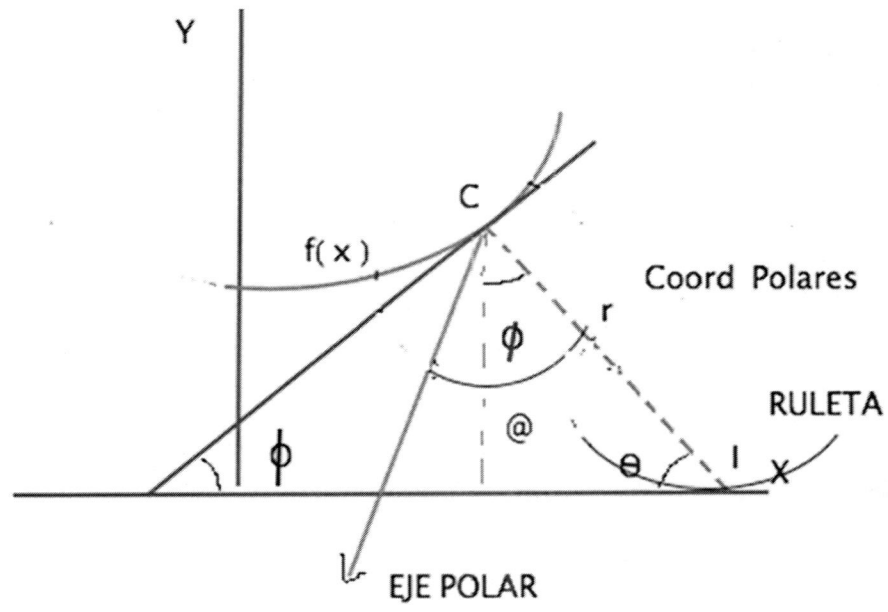

En realidad lo que nos piden (trabajando en coordenadas polares)
es que obtengamos la forma matemática de la curva móvil, del punto C.

Haciendo álgebra:

f (x) = r. cos ϕ → r= f(x) / cosϕ

tag ϕ = f '(x)   ; sen²ϕ + cos²ϕ = 1 → tag²ϕ + 1 = 1/ cos²ϕ

cos²ϕ = 1 / (1 + tag²ϕ) en (I)

r = f (x). [1 + tag²ϕ]¹/² = f (x). [1 − (f '(x))²]¹/² = a. ch² (x / a)

Nos la piden en polares desde I, por tanto, vendrá caracterizada por r y θ.

Pero del cálculo diferencial en polares:

$r = r$ (@) → tag θ = cotagϕ = r/ r = r. d@/ dr

Integrando tenemos la ecuación de r en función del ángulo, referido al eje polar. Vamos a dar algunos de los pasos, dejando al lector el cálculo final:

tag θ = 1 / f ' (x) = 1 / sh(x / a) = 1/ [ch^2(x/ a) − 1]$^{1/2}$

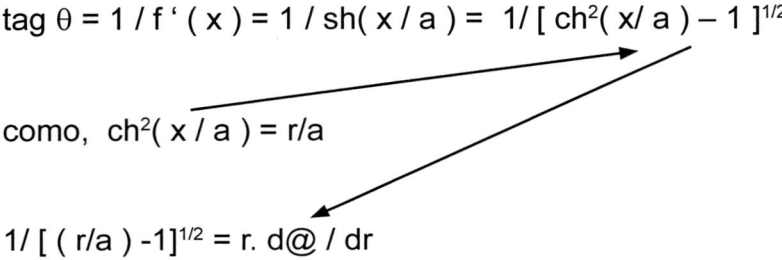

como, ch^2(x / a) = r/a

1/ [(r/a) -1]$^{1/2}$ = r. d@ / dr

Solo quedaría integrar y tendríamos r = r (@).

PROBLEMA 21

Un plano gira (en el plano XY) alrededor de uno de sus puntos (C). Este se mueve con una aceleración constante sobre el eje X, partiendo del reposo. Obtener las expresiones de las Polares (BASE y RULETA).

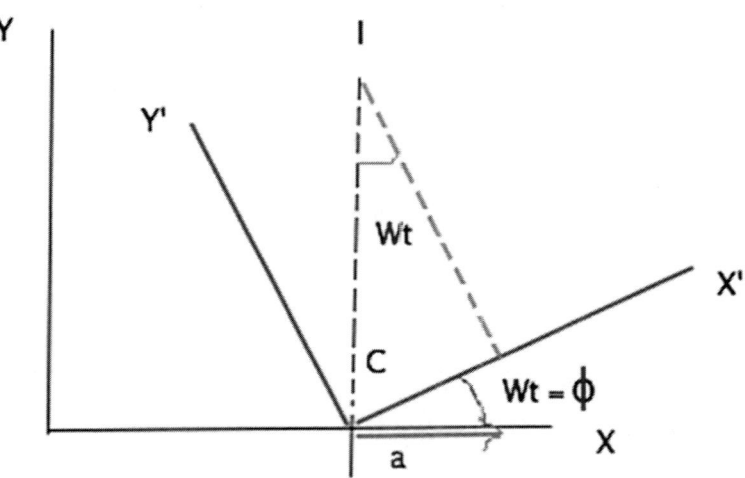

Hemos representado los ejes fijos y móviles, y en la perpendicular de la línea de movimiento de C el CIR.

Tenemos las coordenadas de C:

$$X_{C} = \tfrac{1}{2}\, a\, t^2 = \tfrac{1}{2}.\, a\, (\,\phi\,/\,W\,)^2 \qquad Y_{C} = 0$$

(Ya que $\phi = W\,t$)

Apliquemos las ec. generales para obtener las polares:

BASE

$$X = X_{C} - dY_{C}\,/d\phi$$

$$Y = Y_{C} + d\,X_{C}\,/\,d\phi$$

$$X = \tfrac{1}{2}. \, a \, (\phi / W)^2 \qquad Y = a \, \phi / W^2$$

$$Y^2 = 2 \, a \, X / W^2$$

PARÁBOLA

RULETA

$$X' = (dX_c/d\phi). \, \operatorname{sen} \phi - (dY_c/d\phi). \, \cos\phi$$

$$Y' = (dX_c/d\phi). \cos\phi + (dY_c/d\alpha). \, \operatorname{sen}\phi$$

$$X' = (a \, \phi / W^2). \, \operatorname{sen} \phi \qquad Y' = (a\phi / W^2). \, \cos\phi$$

$$X'^2 + Y'^2 = (a \, \phi / W^2)^2$$

CIRCUNFERENCIA (de radio no constante, por variar ϕ)

PROBLEMA 22

El mecanismo de la figura consta de una deslizadera, que se mueve sobre el eje vertical (a velocidad constante). Al mismo tiempo en O tenemos una articulación móvil. Encontrar las ecuaciones de la BASE y de la RULETA de la varilla, que une el punto móvil con O. Calcular también el circulo de inflexiones.

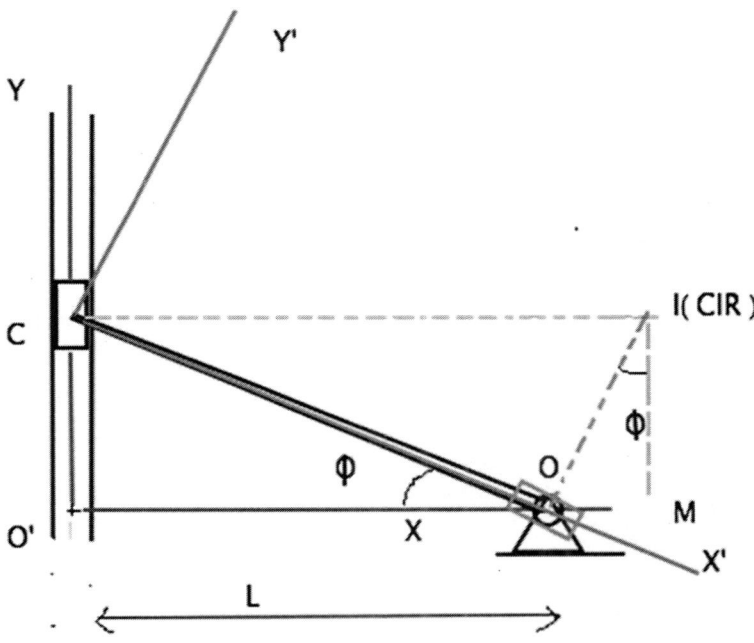

De forma gráfica obtenemos el CIR, por los cortes de las perpendiculares trazadas desde C y desde la articulación móvil (del punto que instantáneamente coincida con ella en O, y que DESLIZA a lo largo de ella). El resto no es más que simple cálculo:

$$\text{tag } \phi = Y / L \;\rightarrow\; Y = L \,.\text{tag}\phi$$

$$X = L + OM \;\rightarrow\; OM = OI.\,\text{sen}\phi$$
$$\text{tag}\phi = OI / OC \qquad X = L (1+ \text{tag}^2\phi)$$
$$L = OC.\,\cos\phi$$

Eliminando ϕ:

$$Y^2 = L (X - L) \quad \textbf{PARÁBOLA (BASE)}$$

Análogamente:

$$X' = OC = L / \cos\phi \qquad Y' = OI = OC.\text{tag}\phi$$

RULETA

Recordando las coordenadas del punto C:

$$X_c = 0 \qquad\qquad Y_c = a.\,\text{tag}\phi \qquad\qquad \phi = Wt$$

$$X = 0 + X'_U.\text{sen}\phi - Y'_U.\cos\phi$$

$$Y = a.\,\text{tag}\phi + X'_U\cos\phi + Y'_U.\text{sen}\phi$$

Expresión en la que hemos transformado las coordenadas de un punto (U) cualesquiera del sistema de ejes móvil, al fijo, mediante la matriz de cambio de coordenadas. Si derivamos dos veces esas ecuaciones, llegaremos a la velocidad primero y luego a la aceleración:

$$v_X = X'_U.W \cos Wt + Y'_U W \text{ sen} Wt$$

$$v_Y = [\, L W / \cos^2 Wt\,] - X'_U W \text{ sen} Wt + Y'_U.W \cos Wt$$

$$a_X = -W^2 X'_U.\text{ sen } W t + W^2 Y'_U . \cos Wt$$

$$a_Y = [2 LW^2 \text{ sen } Wt / \cos^3 Wt\,] - X'_U.W^2 \cos Wt - Y'_U W^2.\text{sen} Wt$$

Al pedirnos la circunferencia de inflexiones (en la cual los puntos NO tienen aceleración normal) la aceleración serán paralela a la velocidad ($\mathbf{a} = \mathbf{a}_{TAG} \parallel \mathbf{v}$):

$$a = c.\,v \rightarrow a_X / v_X = a_Y / v_Y$$

Y de aquí obtenemos ese lugar geométrico.

PROBLEMA 23

Dado el mecanismo de la figura, calcular la velocidad angular del disco. Comprobar que el resultado coincide, con el que se obtiene a partir de métodos vectoriales. El disco rueda y no desliza. Como dato de entrada tenemos, las longitudes de los eslabones (OA, AB y R) y la velocidad angular del eslabón 2.

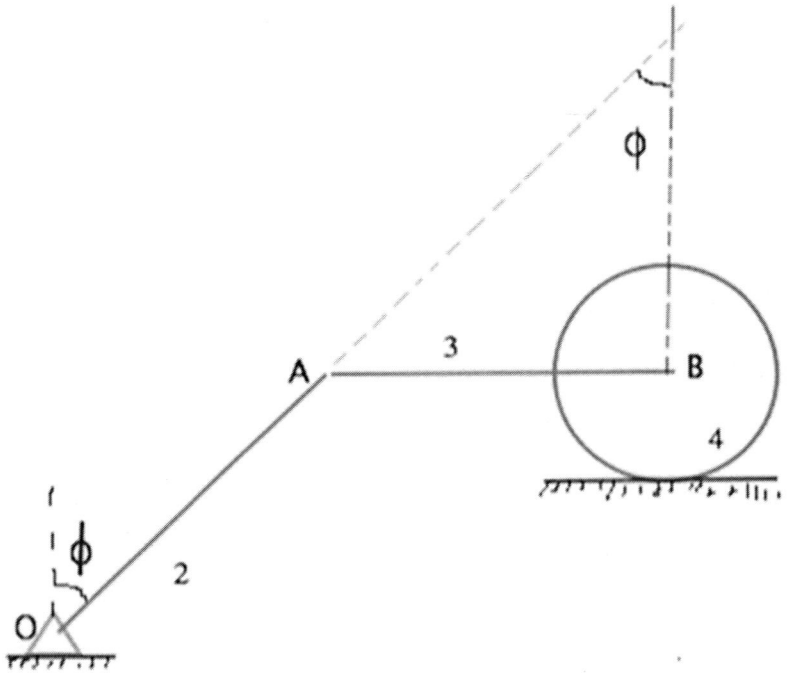

Como siempre en la figura, y mediante el polígono auxiliar calculamos los CIR que nos faltan (I_{13}, I_{24}):

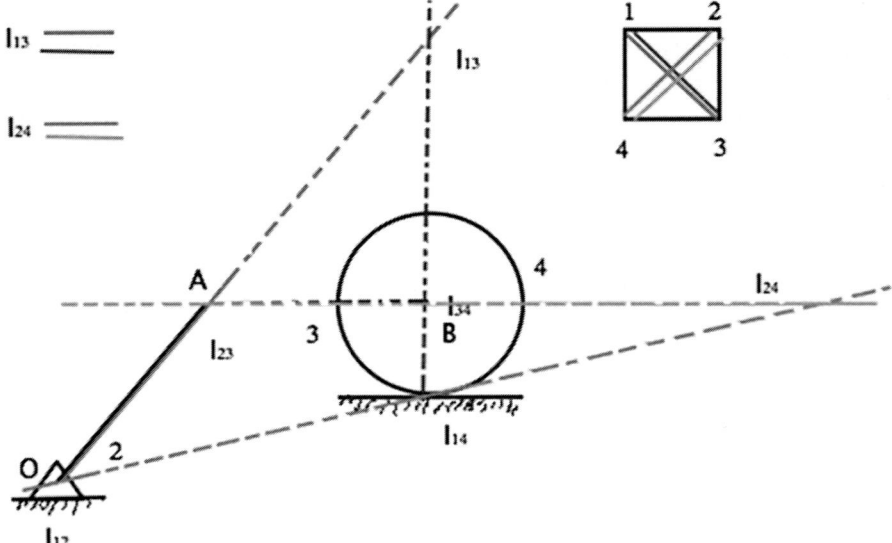

Y, a continuación, aplicamos las relaciones entre CIRS:

$$V_A = W_{12} \cdot I_{12}I_{23} = W_{13} \cdot I_{13}I_{23} \tag{I}$$

$$V_{I34} = W_{13} \cdot I_{13}I_{34} = V_B = W_{14} \, I_{14}I_{34} = W_{DISCO} \cdot R \tag{II}$$

Aplicándolas sucesivamente, llegamos a la velocidad del eslabón 4, ya que hay datos geométricos para calcular distancias como las que hay entre los CIR:

$$AB = I_{23}I_{34}, \; AB \, / \, sen\phi = I_{23}I_{13}, \; I_{34}I_{13} = I_{23}I_{13} \cdot cos\phi$$

Vamos a comprobar que las expresiones vectoriales nos conducen a las mismas ecuaciones:

$$V^A_{21} = \cancel{V_O} + W_{12} \times OA = W_{12}I_{12}I_{23} \, (cos\phi, \, -sen\phi)$$

$$= V^A_{31} = V^B_{31} + W_{31} \times BA = V^B_{41} + W_{31} \times BA$$

$$= W_{41} \, I_{14}I_{34} \, i - W_{31}I_{23}I_{34} \, j$$

Igualando componente a componente:

$$W_{12} \cdot I_{12} I_{23} \cos\phi = W_{41} I_{14} I_{34} \qquad\qquad\qquad \text{(III)}$$

$$- W_{12} \cdot I_{12} I_{23} \, \text{sen}\phi = - W_{31} I_{23} I_{34} \qquad\qquad\qquad \text{(IV)}$$

Pero en (II)

$$W_{12} \cdot I_{12} I_{23} \cdot \text{sen}\phi = W_{31} I_{23} I_{13} \cdot \text{sen}\phi \qquad\qquad \text{(que coincide con (I))}$$

Llevando esta a (III):

$$W_{31} I_{23} I_{13} \cos\phi = W_{31} I_{13} I_{34} = W_{41} I_{14} I_{34} \qquad\qquad \text{(que coincide con (II))}$$

Como vemos, las expresiones obtenidas a partir de los CIRS y las de las componentes de las expresiones vectoriales, son idénticas.

PROBLEMA 24

Para el mecanismo de la figura, calculad la velocidad angular de la barra AB, por: a) métodos vectoriales, b) mediante CIRS, c) técnicas gráficas y d) RAVEN.

DATO (ENTRADA) W_{41} = -W **k**

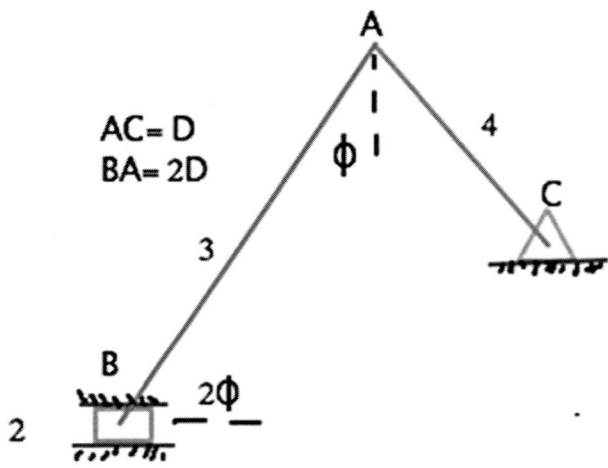

AC= D
BA= 2D

Geométricamente, tenemos que $3\phi = 90 \rightarrow \phi = 30$. Por lo que en el instante representado, el mecanismo es parte de un triángulo equilátero.

VECTORIAL (ANALÍTICO).

$$V^A_{31} = V^B_{31} + W_{31} \times BA = \cancel{V^B_{34}} + V^B_{41} = \cancel{V^B_C} + W_{41} \times CA$$

$$V\,\mathbf{i} + W_{31}2D\,(\cos\phi, - \operatorname{sen}\phi) = WD\,(\cos\phi, \ \operatorname{sen}\phi)$$

$$V + W_{31}\,2D \cos\phi = WD \cos\phi \ \Big|$$
$$-W_{31}2D \operatorname{sen}\phi = WD \operatorname{sen}\phi \ \Big|$$

$W_{31} = -W / 2 \quad (W_{31} = W/2\,\mathbf{k});\ V = 2W\,D \cos\phi$

CIR

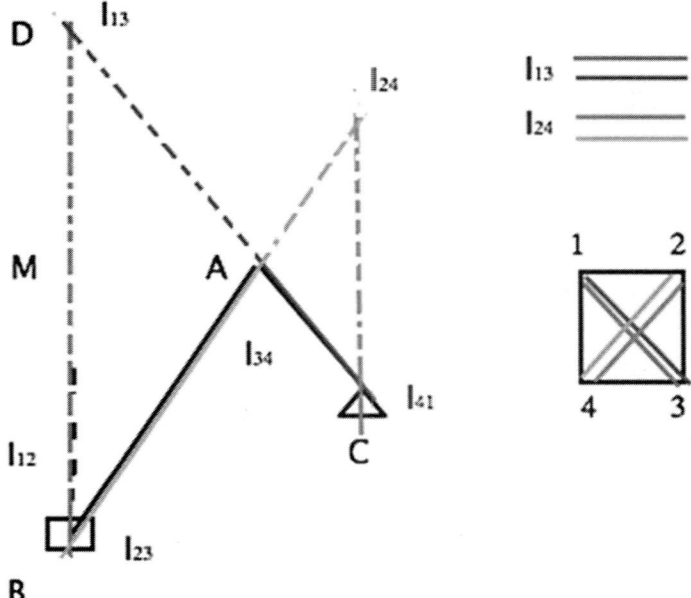

En primer lugar, como vemos en la figura anterior, localizamos los CIR. Pero por geometría vemos que los triángulos BAMB y MADM, son semejantes y nos permiten poner:

$$W_{13} = V/I_{13}I_{23} = V^A/I_{13}I_{34} = W. I_{14}I_{34}/I_{13}I_{34} = W. D/2D = W/2$$

$W_{13} = W/2$ (necesariamente en la dirección **k**)

Y como $I_{13}I_{23} = 2. 2D. \cos \phi$

$W/2 = V/2.2D.\cos\phi$ $\rightarrow$ $V = 2WD \cos\phi$

GRÁFICO

Del tratamiento general, podemos poner:

$$V^A = V^B + V(A/B)$$

Término a término, tenemos:

V^A (MÓDULO. WD. DIRECCIÓN. Forma un ángulo ϕ, con +X)

V^B (MÓDULO. V. DIRECCIÓN. Horizontal)

V (A / B) (MÓDULO. W_{AB}.2D. DIRECCIÓN. Perpendicular a AB, y formando un ángulo ϕ, con –X)

Esto es:

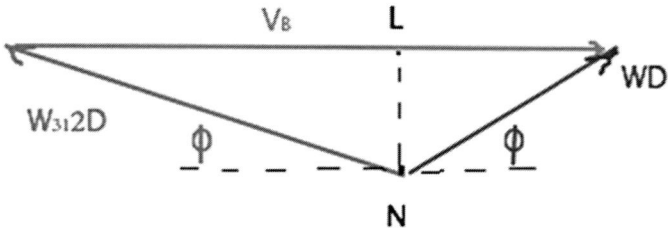

Mediante el Teorema del seno, o por observación directa del triángulo:

LN = WD. senϕ = W_{13}. 2D.senϕ → W/ 2 = W_{13} (Pero con sentidos opuestos, por la geometría de la figura).

V = WD. cosϕ - (-W/2). 2D. cosϕ = 2WD.cosϕ).

<u>RAVEN</u>

Tomamos lazo cerrado (ver figura):

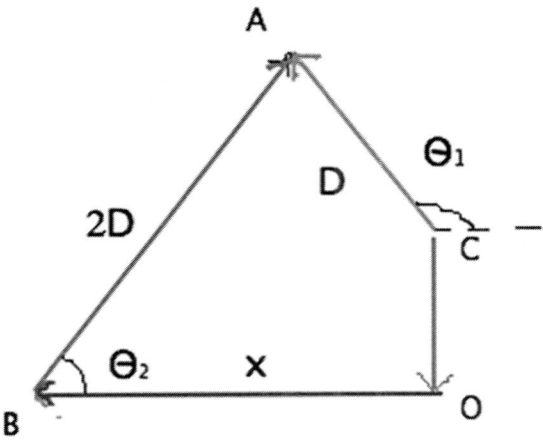

$$CO + OB + BA = CA$$

$$CO.\ e^{\,i33\pi/2} + OB\ e^{i\pi} + 2D.\ e^{\,i\theta2} = D\ e^{i\theta1}$$

Derivando tenemos:

$$0 - (dx/dt) + 2D\ I\ (d\theta_2/\,dt)(\cos\theta_2 + i\ \text{sen}\ \theta_2)$$
$$= D\ i\ (d\theta_1/\,dt)\ (\cos\theta_1 + i\ \text{sen}\theta_1)$$

$$-(dx/\,dt) - 2D\ (\,d\theta_2/\,dt)\ \text{sen}\ \theta_2 = -D.\ (d\theta_1/dt)\ \text{sen}\theta_1$$

$$2D.\ (d\theta_2/\,dt)\ .\ \cos\theta_2 = D.(d\theta_1/dt)\cos\theta_1$$

Pero en la configuración dada:

$$d\theta_2/\,dt = W_{13} \qquad\qquad d\theta_1/\,dt = W$$
$$\theta_2 = 2\phi \qquad\qquad\qquad \theta_1 = \pi - 2\phi$$

Y al sustituir en las ecuaciones dadas, obtenemos los mismos resultados de los métodos anteriores.

PROBLEMA 25

Calcular la velocidad de la deslizadera C, en el mecanismo (de los llamados de Whitworth) de la figura empleando método vectorial y RAVEN. Dibujar también los CIRS I_{15}, I_{13}, e I_{35}.

DATO (ENTRADA) $W_{21} = -W k$. Son datos del enunciado las distancias OO',OA,O'B,O'C y BC. También los ángulos O'BC, BO'C y el que forma OA con la dirección + x.

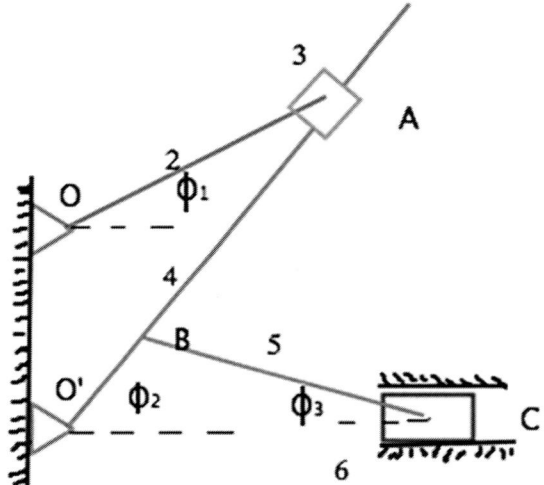

Iniciamos el ejercicio obteniendo algunos de los CIRS, con la ayuda del polígono auxiliar.

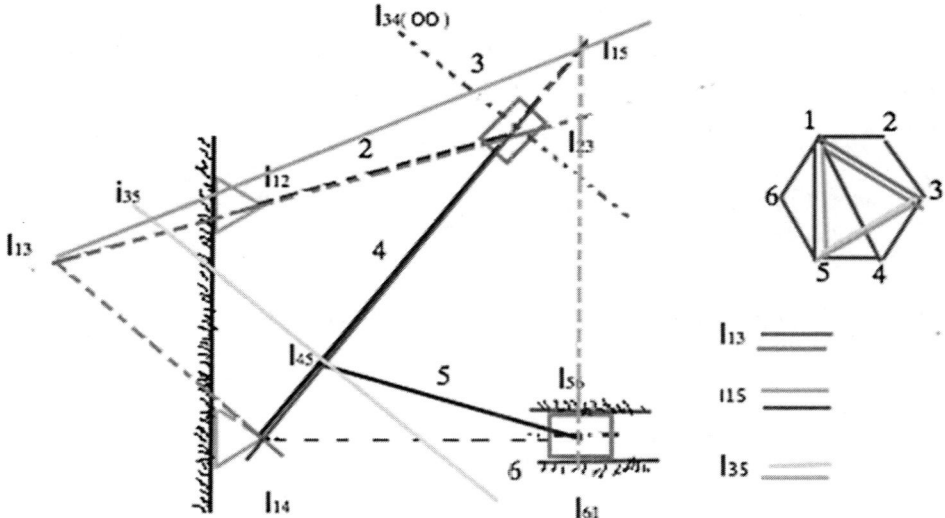

En la figura vemos representados los CIR inmediatos, así como los CIRS pedidos. Apliquemos métodos vectoriales, tomando los ángulos definidos en la figura siguiente:

$$V^A_{21} = V^A_{31} = V^A_{34} + V^A_{41}$$

$$W_{21}OA \, (\text{sen } \phi_1, -\cos\phi_1) = W_{41}O'A.(-\text{sen}\phi_2, \cos\phi_2)$$

$$+V^A_{34} \, (\cos\phi_2, \text{sen}\phi_2)$$

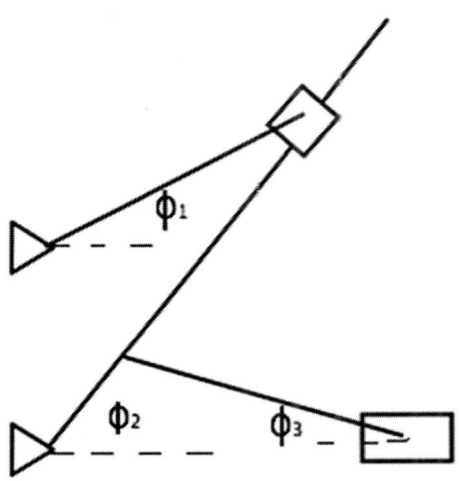

Del sistema anterior tenemos la velocidad angular del eslabón 4 y la relativa (de A) del eslabón 3 respecto de la 4. Podríamos seguir con el tratamiento vectorial, esto es (solo vamos a indicar el proceso para el lector):

$$V^B_{41} = W_{41} \times O'B = W_{41}O'B \, (-\text{sen } \phi_2, \cos\phi_2) = V^B_{51}$$
$$= V^C_{61} + W_{51} \times BC = V i + W_{51}BC \, (-\text{sen}\phi_3, -\cos \phi_3)$$

Igualamos y despejamos. Pero también viendo la geometría de la figura (y los CIRS) podemos poner:

$$W_{14} \cdot O'B = W_{15} \cdot I_{15}I_{45} \qquad \text{tag } \phi_2 = I_{15}I_{56}/ O'C$$

$$I_{14}I_{15} = [(O'C)^2 + (I_{15}I_{56})^2]^{1/2} \qquad I_{15}I_{45} = I_{14}I_{15} - I_{14}I_{45}$$

$$V = W_{51} \cdot I_{15}I_{56} = V_C$$

Para aplicar RAVEN:

LAZO (OO'AO).   O'O + OA = O'A

LAZO (CO'BC).   O'C + CB = O'B

O'O. $e^{i\pi/2}$ + OA.$e^{i\phi 1}$ = O'A $e^{i\phi 2}$
O'C. $e^{i \, 0}$ + CB $e^{i(\pi - \phi 3)}$ = O'B. $e^{i\phi 2}$

Derivamos y llegamos a las velocidades. Para que sirva como ejemplo lo hacemos con ambas, y dejamos las ecuaciones sin pasar-las a componentes (tened en cuenta que d [O'A]/ d t = V^A_{34}):

OA. i. (dϕ_1/dt) (cos ϕ_1 + i senϕ_1) = d(O'A)/dt(cosϕ_2 +i senϕ_2)
                          + O'A i (dϕ_2/dt). (cosϕ_2 + i senϕ_2)
Con:

dϕ_1/ dt = W_{21}; dϕ_2/ dt = W_{41} y d [O'A]/ d t = V^A_{34}

Llegamos a las expresiones (por componentes) vectoriales obte-nidas en primer lugar en la resolución del problema. Con la segunda igual (ojo d OC/ dt = V_C):

OC + CB = 0B

OC. e^{i0} + CB $e^{i(\pi - \phi 3)}$ = OB $e^{i\phi 2}$

V_C + CB.i.$(-d\phi_3/dt)$.[$-\cos\phi_3$ + i $\operatorname{sen}\phi_3$]
$\qquad$ = OB i $(d\phi_2/dt)[\cos\phi_2$ + i $\operatorname{sen}\phi_2$]

$d\phi_2/d$ t= W_{41}; $d\phi_3$ / dt= W_{51}

PROBLEMA 26

Un movimiento en un plano tiene como base media circunferencia (de radio R) centrada en el origen, y como ruleta una de centro en (0, 3R/2). El radio vector (la línea que una el centro de la base y el centro de la ruleta) tiene una velocidad angular W_1, y una aceleración angular α_1, en el instante representado. Calculad la aceleración del centro instantáneo de velocidades, y localizar el polo de aceleraciones (H).

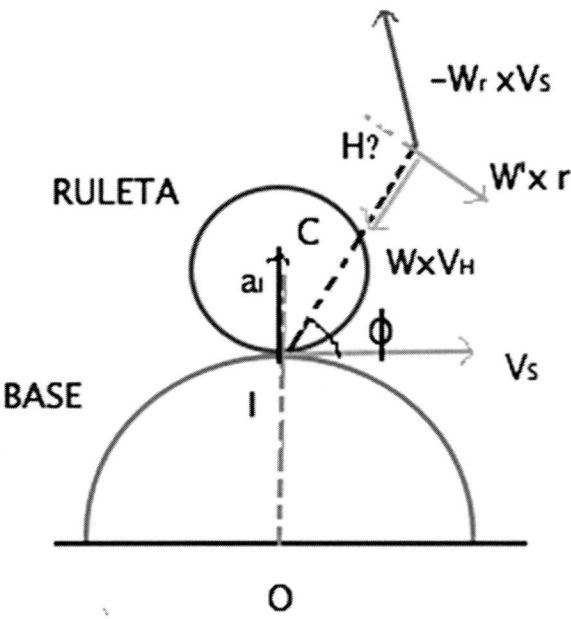

Aplicamos las expresiones de la teoría para el cálculo de la aceleración del CIR:

$$a_I = - W_{REL} \times V_{SUC}$$

$$V_{SUC} = d\,(W_{REL} \times n_{B/R}) = RW/3\ i = RW_1\ i$$

$$d = R_B \cdot R_R / [\,R_B + R_R\,] = R/3 \quad , \qquad n_{B/R} = j$$

$$a_I = (W^2 \cdot R / 3)\ j$$

Pero el enunciado nos da como dato la velocidad angular del radio vector OC. Vamos a relacionarla con la velocidad angular de la ruleta:

$$V_c = \cancel{V_O} + W_{co} \times CO = \cancel{V_I} + W \times IC$$

$$W_1 \, 3R/2 = W.R/2 \quad \rightarrow \quad 3\,W_1 = W \qquad\qquad (I)$$

$$a_I = 3W_1^2.R \; j$$

Para obtener la posición del polo de aceleraciones (H), calculamos la aceleración de un punto genérico P, y la igualamos a cero. Ese será nuestro H:

$$a_P = a^{NOR}_P + a^{TAG}_P = (0,0) = a_H =$$

$$= (\, WV_{SUC} \, sen\phi_H - W^2 r_H \; , \; W'.r_H - W \, V_{SUC}.cos\phi_H)$$

De nuevo (a partir de (I)):

$$\alpha_1 = \alpha / 3$$

Y la posición del punto H será (igualando a cero ambas componentes):

$$WV_{SUC} \, sen\phi_H - W^2 \, r_H = 0 \quad \Big|$$

$$W'. \, r_H - WV_{SUC} \, cos \, \phi_H = 0 \quad \Big|$$

$$r_H = - W. \, V_{SUC} / [\, W^4 + \alpha^2 \,]^{1/2}$$

$$tag \, \phi_H = W^2 / \alpha$$

PROBLEMA 27

La barra de la figura de longitud L desliza por la pared con perfil parabólico de la figura, manteniendo el extremo A, siempre en contacto con el eje vertical. Si la ecuación de este perfil es: y = $L^2/x - L - [L^2 - x^2]^{1/2}$, hallar la posición del CIR de la barra, y las ecuaciones de la BASE y de la RULETA.

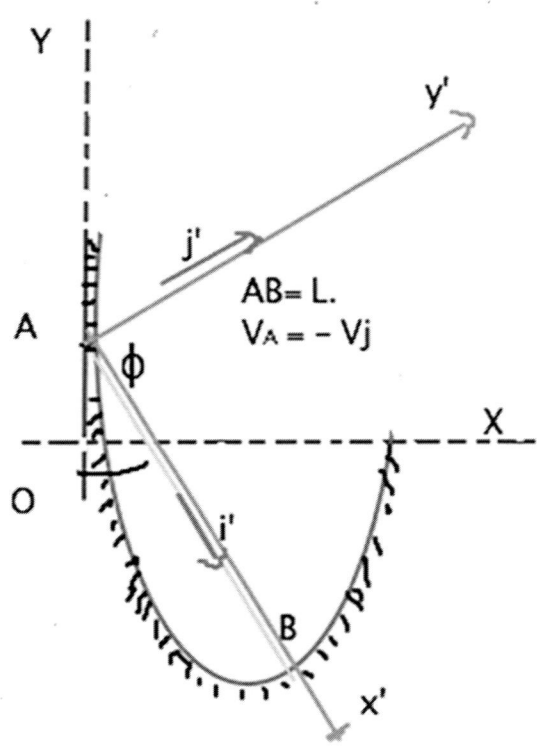

Para tener el CIR de la barra, no tenemos más que aplicar la ecuación general de la teoría:

ACIR= W x V_A / W^2

Por tanto, debemos de calcular la velocidad del punto móvil A:

OA = $y_A j$

$AB = (L\,sen\phi, - L\cos\phi)$

$OB = OA + AB = (L\,sen\phi, y_A - L\cos\phi)$

Como B es un punto del perfil, sus coordenadas satisfarán su ecuación:

$y_A - \cancel{L\cos\phi} = L^2/ L\,sen\phi - L - \cancel{L\cos\phi}$

$y_A = L(1-sen\phi)/sen\phi$

$dy_A/ dt = V_A = - [L\cos\phi/ sen^2\phi].(d\phi(dt)$

Entonces:

$ACIR = (d\phi/dt) \times [- L.\cos\phi/ sen^2\phi(d\phi/ dt)\,j\,/[d\phi/dt]^2$

$ACIR = L.\cos\phi / sen^2\phi\,i$

O sea, que las coordenadas del CIR respecto del sistema de coordenadas fijo será:

$OCIR = OA + ACIR = (L.\cos\phi/ sen^2\phi, L(1 - sen\phi)/sen\phi]$

$X_I = L.\cos\phi/ sen^2\phi$

$Y_I = L(1 - sen\phi)/sen\phi \rightarrow sen\phi = L/(L + Y_I)$

Sustituyendo en la ecuación de la X_I ($\cos\phi = [1 - sen^2\phi]^{1/2}$):

$X_I = L[1 - (L/(L + Y_I))^2]^{1/2}/ [L/(L + Y_I)]^2$

$X_I^2. L^2 = [L + Y_I]^4 - [L.(L + Y_I)]^2$

BASE

Para la ecuación de la polar móvil, tomamos los ejes de la figura (en naranjas o primados) con origen en A. Los vectores unitarios primados nos permiten transformar las ecuaciones referidas a los ejes fijos, en las referidas a los móviles:

$I' = \text{sen}\phi\, i - \cos\phi\, j$; $j' = \cos\phi\, i + \text{sen}\phi\, j$

Operando obtenemos las inversas:

$I = \text{sen}\phi\, i' + \cos\phi\, j'$; $j = -\cos\phi\, i + \text{sen}\phi\, j$

$ACIR' = [\, L \cos\phi\, /\, \text{sen}^2\phi\,](\, \text{sen}\phi\, i' + \cos\phi\, j'\,)$

$X'_I = L \cos\phi /\, \text{sen}\phi$

$Y'_I = L \cos^2\phi\, /\, \text{sen}^2\phi$ $X'^2_I = L.Y'_I$ **RULETA**

Que es una parábola.

PROBLEMA 28

Si la base del problema 26 es CÓNCAVA y de radio 2R, mientras que la ruleta es el disco de radio R (ver figura) obtener (analíticamente) y hacer el esquema gráfico de las Circunferencias de Inversiones e Inflexiones.

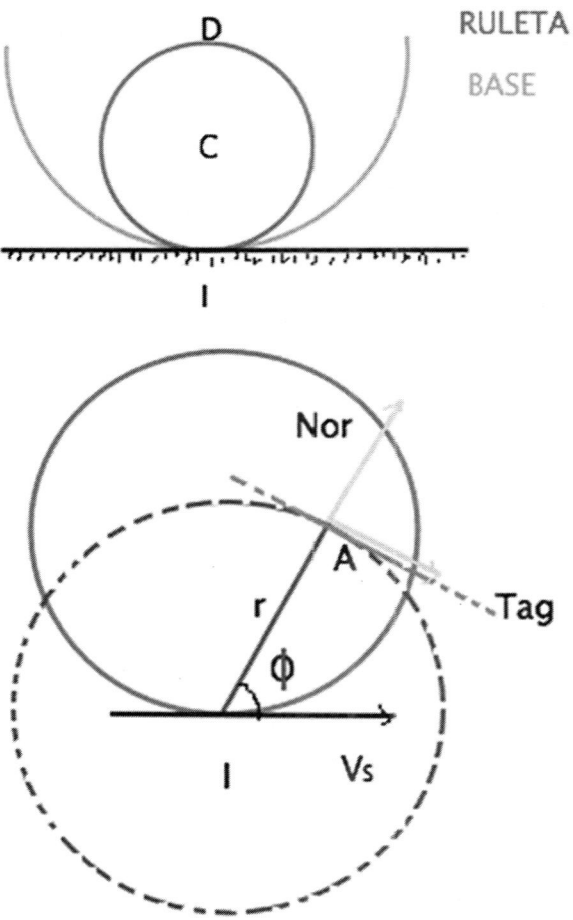

En la figura hemos representado un punto genérico A, y vamos a obtener la aceleración de este, con el fin de obtener luego la posición (lineal y angular) del lugar geométrico, de los puntos SIN aceleraciones, ni tangencial (INVERSIONES) ni normal (INFLEXIONES). Por eso, hemos dibujado las direcciones tangencial y radial, ya que tendremos que proyectar la total en A, en ambas:

$$a_A = a_I - W^2 IP + \alpha \times IP = - W_{REL} \times V_{SUC} - W^2 IP + \alpha \times IP \qquad \text{(I)}$$

$$a_I = - W_{REL} \times V_{SUC} = -(W (-k)) \times [d(W \times n_1 \, (\text{base/ruleta}))]$$

$$= W^2. \, d \, j = 2W^2 R \, j$$

$$(\, n_1 = j \quad . \quad d = R_B.R_R / R_B - R_R = 2R.$$

(VER 28 BIS y 29. CONVEXO-CÓNCAVO. $n_B. \, n_R = -1$)

Sustituyendo en (I):

$$a_A = (\alpha r \, \text{sen}\phi - W^2 r \cos\phi) \, i - (\alpha r \cos\phi + W^2 r \, \text{sen}\phi - 2W^2 R) \, j$$

Para proyectar en la dirección tangencial y normal, tenemos que obtener los productos escalares siguientes:

$$a^{TAG}_A = a_A \cdot U_{TAG} \qquad a^{NOR}_A = a_A \cdot U_{NOR}$$

Con ambos vectores unitarios en la base (i, j):

$$\mathbf{U_{TAG}} = (\text{sen}\phi, - \cos\phi) \qquad \mathbf{U_{NOR}} = (\cos\phi, \, \text{sen}\phi)$$

$$a^{TAG}_A = \alpha r - 2W^2 R \cos\phi \qquad \text{(II)}$$

$$a^{NOR}_A = -W^2 r + 2W^2 R \, \text{sen}\phi \qquad \text{(III)}$$

$$a^{TAG}_A = 0$$

$$r = 2W^2 R \cos\phi \, / \alpha$$

Circunferencia de inversiones (ver teoría 40 y 40 BIS) con diámetro $2W^2 R / \alpha$. El radio es mayor que cero, es decir, cuando el coseno lo sea, el lugar geométrico corresponderá a una circunferencia, en el 1.º y 4.º cuadrantes.

$$a^{NOR}_A = 0$$

r = 2R senϕ

Circunferencia Inflexiones. Diámetro 2R. De nuevo, corresponderá a una circunferencia (r > 0, si y solo si, senϕ > 0, o sea en el 1.º y 2.º cuadrantes).

Gráficamente:

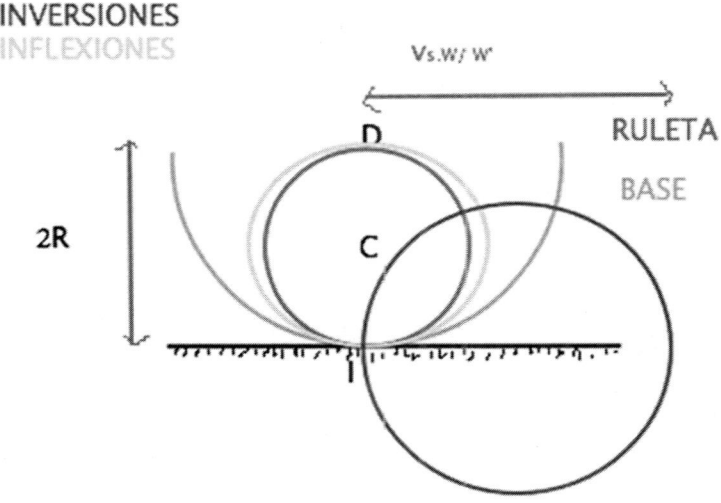

En la figura hemos dado a la Circ. Inversiones un «reborde» respecto a la Ruleta (verde por fuera del rojo), pero recuerde el lector que esto no ha sido sino un recurso visual, ya que ambas coinciden.

PROBLEMA 29

Aplicando Euler.Savary, calcular dónde está el centro de curvatura del punto C. Comprobar también que la posición de H (POLO DE ACELERACIONES) coincide, tanto tomando su definición ($a_H = 0$), como a partir de las expresiones vectoriales.

La fórmula es ya en módulo (incluyendo los signos correctos para los radios de la Base y de la Ruleta, y las distancias desde I, hacia Base y Ruleta):

$$[\, 1/\,R_B - 1/R_R] = \text{sen}\phi\ (1/IC_C - 1/\,IC)$$

Con:

$$R_B = 2R \qquad R_R = R \qquad . \quad ID = R \qquad\qquad \phi = \pi/2$$

$IC_C = +2R$ (Por encima de I. Recordar que es módulo)

Es decir que estaría en el punto D. Luego el centro de la curvatura de C, dista de él (la distancia desde D a C) R.

Tenga en cuenta el lector que podría tomarse entre los términos del paréntesis del segundo miembro, signo +, pero al medir desde I, hacia arriba tomaríamos – y hacia abajo +.

Para obtener las coordenadas del punto H (POLO DE ACELERACIONES), punto en el que las gráficas de la circunferencia de Inversiones y la de Inflexiones coinciden (la aceleración de H es cero, lo serán por tanto SIMULTÁNEAMENTE, ambas componentes) ponemos:

$$W\, r_{IH} - 2RW^2 \cos \phi_H = 0$$

$$-W^2 r_{IH} + 2RW^2 \,\text{sen}\phi_H = 0$$

$$r_{IH} = 2RW^2/\,[\, W^4 + \alpha^2\,]^{1/2}; \ \text{tag}\ \phi_H = W^2/\alpha$$

Mediante las expresiones teóricas podemos poner (para un punto genérico A cualesquiera):

$a_A = a_I - W^2 IA + \alpha \times IA$

Si suponemos A= H ($a_H = 0$):

$0 = a_I - W^2 IH + \alpha \times IH$

$W^2 IH = - W \times V_{SUC} + \alpha \times IH$

$W^2 (r_{IH} \cos\phi_H, r_{IH} \sen\phi_H) = 2RW^2 \, \mathbf{j} + \alpha \, r_{IH} (\sen\phi_H, - \cos\phi_H)$

$W^2 r \cos\phi_H = \alpha r \sen\phi_H \quad \rightarrow \quad \tag \phi_H = W^2/\alpha \; (\cos\phi_H = \alpha/(W^4+\alpha^2)^{1/2})$

$W^2 r_{IH} \sen\phi_H = 2RW^2 - \alpha r_{IH} \cos\phi_H$

$r_{IH}(W^2 \tag\phi_H + \alpha) = 2RW^2/\cos\phi$

$r_{IH}(W^4+\alpha^2) = 2RW^2\alpha / \cos\phi_H = 2RW^2[W^4 + \alpha^2]^{1/2}$

$$r_{IH} = 2RW^2 / [W^4 + \alpha^2]^{1/2}$$

PROBLEMA 30

La barra AB de la figura se apoya sin deslizar sobre el disco de radio R, que a su vez rueda sobre otro semidisco fijo de radio 2R. En todo momento la rodadura en los puntos de apoyo es sin deslizamiento. Hallar las ecuaciones paramétricas de las polares del disco. El punto A realiza un movimiento vertical descendente.

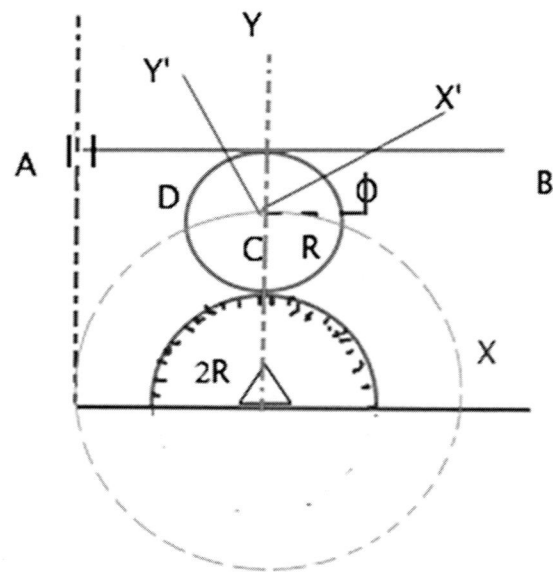

Ecuación de movimiento de C:

$$X^2 + Y^2 = 9R^2$$

Para poder obtener las polares, vamos a tratar de relacionar la velocidad de un punto genérico cualesquiera del disco con, por ejemplo, el movimiento del centro de este C. Y luego igualar su velocidad a cero, porque entonces ese punto será el CIR:

$$V_Q = V_C + (d\phi / dt) \, k \times QC$$

Como el disco rueda y no desliza sobre la barra AB, podemos poner:

$$X_C = R\phi \quad \rightarrow \quad (R\phi)^2 + Y_C^2 = 9R^2$$

$$\downarrow$$

$$Y_C = R[\, 9 - \phi^2 \,]^{1/2}$$

$$V_C = R\,(d\phi/dt)[\, i - (\, \phi / \{ 9 - \phi^2 \}^{1/2})\, j\,]$$

Si tomamos **QC = (X', Y')** y las relaciones entre los ejes fijos y móviles (vectores unitarios relacionados por la matriz de transformación de coordenadas en el plano), tenemos:

I'. cos ϕ - j'senϕ = i **(i' = cosϕ i + senϕ j)**
I'.senϕ+ j'cosϕ = j **(j' = -senϕ i + cosϕj)**

$V_Q = V_{CIR} = 0 = (0, 0)$

$$(\, d\phi/ dt)[\, R - X'_{CIR}\, sen\phi - Y'_{CIR}\, cos\phi\ ,$$
$$-R\phi/[\, 9 - \phi^2]^{1/2}+ X'_{CIR}.\, cos\phi - Y'_{CIR}.\, sen\phi\,]$$

Igualando a cero las dos componentes y, despejando, llegamos a las ecuaciones paramétricas de la polar móvil:

$$X'_{CIR} = R\, sen\phi + [R\phi\, cos\phi\, / \,[\, 9 - \phi^2]^{1/2}$$

$$Y'_{CIR} = R cos\phi - [\, R\phi\, sen\phi\, / \,[\, 9 - \phi^2]^{1/2}]$$

Como sabemos, además, Y del punto A de la barra está relacionada con la coordenada Y del centro del disco, y que, además, la barra AB desliza sobre el punto de contacto con el disco (CON MOVIMIENTO DE A EN LA DIRECCIÓN VERTICAL) y la velocidad de C es PERPENDICULAR a OC, esta perpendicular nos marcará la dirección en la que se encuentra el CIR (recordad que la dirección que une un punto con el CIR, y la velocidad de este, deberán de ser perpendiculares) cortando esta prolongación con la barra AB, ¡¡localizaremos el CIR!!

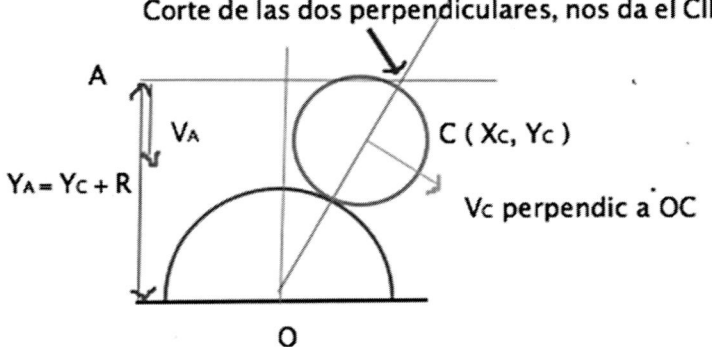

DIRECCIÓN CIR

Corte de las dos perpendiculares, nos da el CIR

A

V_A

$Y_A = Y_C + R$

C (Xc, Yc)

Vc perpendic a OC

O

Luego cortando la recta que pasa por C, con la ordenada Y_A, tendremos el CIR en las coordenadas medidas respecto a los ejes fijos:

$$Y_{CIR} = Y_A = Y_C + R = R [1+ (9 - \phi^2)^{1/2}] \tag{I}$$

Hemos de obtener la ecuación de la recta que pasa por O y por C:

$$Y - Y_C = M (X - X_C)$$

$$M = Y_C / X_C \qquad X Y_C = Y X_C$$

$$X_{CIR} Y_C = Y_{CIR} X_C \rightarrow X_{CIR} [9 - \phi^2]^{1/2} = \phi . Y_{CIR} \tag{II}$$

Entre (I) y (II), encontramos las paramétricas de la polar fija:

$$X_{CIR} = R\phi [1 + (9 - \phi^2)] / [9 - \phi^2]^{1/2}$$

$$Y_{CIR} = R (1 +[9 - \phi^2]^{1/2})$$

PROBLEMA 31

Determinar el centro instantáneo de la figura, en la que la barra AB mide L, sabiendo que sus extremos son obligados a moverse cada uno, sobre los ejes coordenados de la figura, que forman un ángulo constante δ.

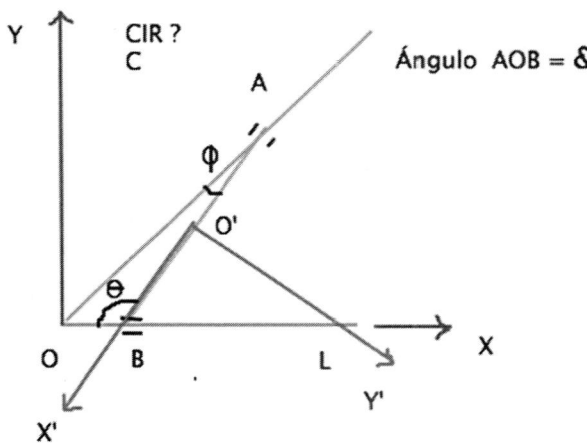

Vamos a relacionar, en primer lugar, los vectores unitarios en las bases fija y móvil (en la figura anterior, es fácil ver que el ángulo OBX' es $\pi - \theta$, y que el formado por O'LB es $(\theta - \pi/2)$). Entonces podemos poner:

$$I = - i' . \cos(\pi - \theta) + j' . \text{sen} (\theta - \pi/2)$$

$$j = - i' \, \text{sen}(\pi - \theta) - j'.\cos(\theta - \pi/2)$$

Y las inversas son:

$$I' = \cos\theta \, i - \text{sen}\theta \, j$$
$$j' = \text{sen}\theta \, i + \cos\theta j$$

Sabemos también que:

$$\delta + \theta + \phi = \pi \;\rightarrow\; (d\theta/dt) = - (d\phi/dt) = - W$$

243

Ya que el ángulo entre los ejes es constante. Veamos ahora matemáticamente su posición:

$$V_{CIR} = 0 = V_B + W \times BCIR \tag{I}$$

$$V_B = d\,(OB)\,/\,dt\ i$$

En el triángulo OBAO:

$$OB/\,sen\phi = L\,/\,sen\,\delta$$

$$V_B = L.\,W.\,cos\phi\,/\,sen\delta\ i$$

$$BCIR = (X_{CIR} - X_B,\ Y_{CIR} - Y_B) = (X_{CIR} - L\,sen\,\phi/\,sen\delta,\ Y_{CIR})$$

Sustituyendo en (I):

$$(\,0\,,\,0\,) = L\,W\,cos\phi\,/\,sen\delta\ i + (W\,Y_{CIR},\ W[\,X_{CIR} - L\,sen\phi/\,sen\delta\,])$$

Igualando componente a componente:

$$Y_{CIR} = L\,cos\phi\,/\,sen\delta$$

$$X_{CIR} = L.\,sen\phi\,/\,sen\delta \qquad\qquad X_{CIR}{}^2 + Y_{CIR}{}^2 = (L/\,sen\delta)^2$$

También podíamos haber obtenido la posición del CIR usando la forma general:

$$OCIR = OB + BCIR = L.sen\phi/\,sen\delta\ i + L cos\phi/\,sen\delta\ j = (X_{CIR}, Y_{CIR})$$

$$(BCIR = W \times V_B\,/\,W^2 = L.cos\phi/\,sen\delta\ j)$$

POLAR FIJA (BASE) CIRCUNFERENCIA DE RADIO (L/ senδ)

$$BC = (X'_{CIR} - L/2\,,\ Y'_{CIR})$$

$$V_B = L\,W\,cos\phi\,/\,sen\delta\ i$$

$$I = cos\phi\ i' + sen\phi\ j'$$

$$\theta = \pi - \delta - \phi$$

$$0 = W\ (L/\ \text{sen}\delta)\ \cos\phi\ \cos\ (\pi - \delta - \phi) - Y'_{CIR}\ )\ \mathbf{i} +$$
$$W\ (X'_{CIR} - L/2 + (L/\ \text{sen}\delta)\ \cos\phi\ \text{sen}\ (\pi - \delta - \phi))$$

Elevando al cuadrado:

$$X'^2_{CIR} - X'_{CIR}L + (L/\ 2)^2 + Y'^2_{CIR} = (L/\ \text{sen}\delta)^2.\ \cos^2\phi$$

Vamos a las ecuaciones anteriores, teniendo en cuenta:

$$\cos\ (\pi - \delta - \phi) = -\ (\cos\delta.\cos\phi + \text{sen}\delta.\text{sen}\phi)$$

$$\text{sen}\ (\pi - \delta - \phi) = (\ \text{sen}\delta.\cos\phi - \cos\delta.\text{sen}\phi)$$

Llegamos a la ecuación de la RULETA:

$$X'^2_{CIR} + Y'^2_{CIR} + LY'_{CIR} = (L/\ 2)^2$$

PROBLEMA 32

Hallar la polar fija para el mecanismo de la figura formado por un disco de radio R, que está unido a una barra AB de longitud 2R, con el extremo A unido a un punto del borde del disco, y su extremo B moviéndose en horizontal por una recte de ecuación Y = 3R. El disco rueda y no desliza sobre el suelo. En el instante inicial CA coincide con el eje Y. Suponer que el disco rueda hacia la izquierda.

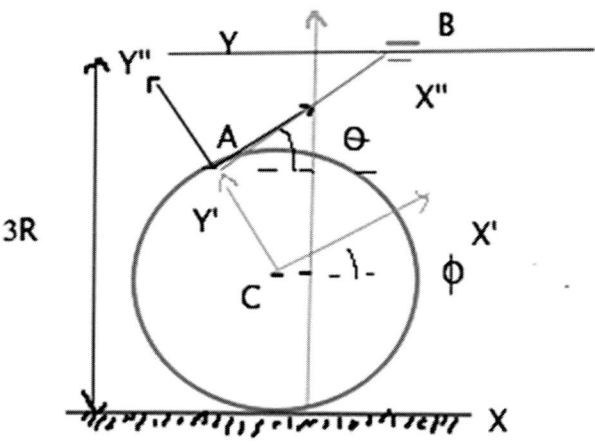

En primer lugar, definimos los vectores unitarios en los diferentes sistemas de coordenadas XY, X'Y' y X"Y" (estos últimos referidos a la base sin primar).

Así:

$I'' = (\cos\theta, \, \text{sen}\theta)$

$i' = (\cos\phi, \, \text{sen}\phi)$

$j'' = (-\text{sen}\theta, \, \cos\theta)$

$j' = (-\text{sen}\phi, \, \cos\phi)$

Para obtener el CIR, podemos por ejemplo usar la ecuación general:

$$ACIR = W_{AB} \times V_A / W^2_{AB} \tag{I}$$

Por lo que necesitamos la velocidad angular de la barra AB y la velocidad del punto A. Vemos en la figura que:

$OC = -R\phi\ i + R\ j$ **(El disco rueda y no desliza)**

$OA = -R\phi\ i + R\ j - R\ sen\phi\ i + Rcos\phi\ j$
$\qquad\qquad = (-R\phi - R\ sen\phi,\ R + Rcos\phi\ )$

$OB = OA + AB = (-R\phi - R\ sen\phi,\ R + Rcos\phi) + (2Rcos\theta, 2Rsen\ \theta)$
$\qquad = (X_B, 3R\ )$

Igualando las componentes Y:

$R + Rcos\phi + 2Rsen\ \theta = 2R\ \rightarrow\ sen\theta = (1 - cos\phi\ )/\ 2$

$\theta = sen^{-1}((1 - cos\phi)/2)$

Derivando esta ecuación y teniendo en cuenta que:

$d\theta/dt = W_{AB}$ y $d\phi/dt = W_{DISCO}$

$W_{AB} = W_{DISCO} . sen\phi / [\ cos\phi\ (\ 4 - sen\phi)\ ]^{1,2}$

$V_A = d(\ OA\ )/\ dt = -R\ W_{DISCO}[\ 1 + cos\phi\ ,\ sen\phi\ ]$

Luego ya podemos sustituir en (I) para sacar las componentes del CIR:

$ACIR = -\{R[\ cos\phi(\ 4 - cos\phi)]^{1/2}k \times (\ 1 + cos\phi,\ sen\phi\ )\}/(sen\phi\ )$

$OCIR = OA + ACIR = (-R\phi - R\ sen\phi,\ R + Rcos\phi\ )$
$\qquad -\{R[\ cos\phi(\ 4 - cos\phi)]^{1/2}k \times (\ 1 + cos\phi,\ sen\phi)\}/(sen\phi)$
$\qquad = (\ X_{CIR},\ Y_{CIR}\ )$

$$X_{CIR} = -R\phi - R \operatorname{sen}\phi + R[\cos\phi(4 - \cos\phi)]^{1/2}$$

$$Y_{CIR} = R + R\cos\phi - \{R[\cos\phi(4 - \cos\phi)]^{1/2}(1 + \cos\phi)/\operatorname{sen}\phi\}$$

Ecuaciones paramétricas de la BASE.

PROBLEMA 33

La barra de la figura mide 2R y gira a velocidad angular constante W (antihoraria). Su extremo A está unido a un disco que rueda sobre un plano horizontal, que dista 2R de O (medido en vertical desde el suelo). Localizar el CIR del disco, las ecuaciones paramétricas de la polar fija y la aceleración del punto de contacto del disco con el suelo.

DATOS. $\qquad W_{BARRA} = d\phi/dt \qquad . \qquad W_{DISCO} = d\theta/dt$

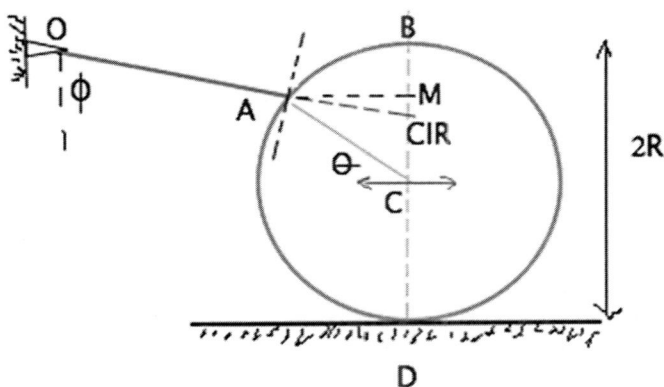

Sabemos que:

$$V_A = \cancel{V_O} + W_{BARRA} \times OA$$

Lo que indica que la velocidad del punto A será perpendicular a OA. Pero ese punto pertenece al disco, por lo que si conocemos la velocidad de otro, trazando las perpendiculares, en su corte se encontrará el CIR. Ese otro punto es el centro C. Se moverá en horizontal, por lo que al trazar su perpendicular (azul claro) el corte de esta con la perpendicular, trazada por A a la recta OA, nos dará el CIR. Pero también:

$$V_A = \cancel{V_{DISCO}^{CIR}} + W_{DISCO} \times CIRA$$

$W_{DISCO} \cdot ACIR = W_{BARRA} \cdot 2R$

Por geometría:

$ACIR \cdot sen\phi = R \cdot cos\theta$

$W_{DISCO} = 2 W \, sen\phi / cos\theta$

También de forma geométrica

$CB = R = CCIR + CIRB = 2R \, cos\phi + R \, sen\theta$

$1 = 2 \cdot cos\phi + sen\theta \rightarrow 0 = - 2W \, sen\phi + W_{DISCO} \cdot cos\theta$

Expresión obtenida al derivar la anterior, teniendo en cuenta los datos del enunciado. Sabemos que W va en la dirección de **k,** por lo que W_{DISCO}, será horaria (**-k**) (A debe de tener una única velocidad, aunque simultáneamente pertenezca a la barra OA y al disco).

Podemos calcular la velocidad del centro C, o incluso la del punto D (fijémonos que el disco rueda y puede que deslice, ya que no nos dicen que sea rodadura pura) a partir del CIR:

$\mathbf{V_D} = \cancel{V_{CIR}} + \mathbf{W_{DISCO}} \times \mathbf{CIRD}$
$= (2W \, sen\phi / cos\theta) (- k) \times [R + CIRC] (-j)$ (I)

$CIRC = CM - MCIR = Rsen\theta - ACIR \cdot cos\phi$

$Rcos\theta = ACIR \cdot sen\phi$

$CIRC = R(sen\theta - cos\theta / tag\phi)$

Sustituyendo en (I):

$V_D = 2WR (cos\phi - sen\phi / cos\theta - sen\phi tag\theta)$ (i)

Para calcular la aceleración del punto D, podemos optar por aplicar la relación general:

$a_A = a_D - W^2_{DISCO} \, DA + \alpha_{DISCO} \times DA$

Para calcular la aceleración angular, solo tenemos que derivar la expresión de la velocidad angular del disco:

$\alpha_{DISCO} = dW_{DISCO} / dt = 2W^2/\cos^2\theta \, (\cos\phi \cos\theta + 2\,sen^2\phi \, tag\theta)$

$a_A = \cancel{a_D} - W^2 OA + \alpha_{\cancel{BARRA}} \times OA = W^2 \, 2R \, (-\cos\phi, \, sen\,\phi)$

Por último, para la obtención de la polar fija (por ejemplo, respecto a O):

$OCIR = OA + ACIR = 2R \, (-\cos\phi, \, sen\phi) + AM + MCIR$

$AM = R \cos\theta \, i$

$MCIR = -R\cos\theta / tag\phi \, j$

$X = - 2R \cos\phi + R \cos\theta$

$Y = 2R \, sen\phi - R\cos\theta / tag\phi$

$sen\theta = 1 - 2 \cos\phi \quad \rightarrow \quad \cos\theta = [\, 1 - (1 - 2\cos\phi)^2]^{1/2})$

Por la fórmula general:

$ACIR = W_{DISCO} \times V_A / W^2_{DISCO} =$

$[-k \times 2RW(\cos\phi, sen\phi)] / [2W\,sen\phi/\cos\theta] = (R\cos\theta, -R\cos\theta/tag\phi)$

PROBLEMA 34

Los dos discos de la figura de radio R tienen sus centros unidos por una barra AB, de longitud L. Ambos ruedan y no deslizan (tanto sobre la pared como sobre el suelo). Hallad las ecuaciones de la polar fija (BASE) y de la polar móvil (RULETA).

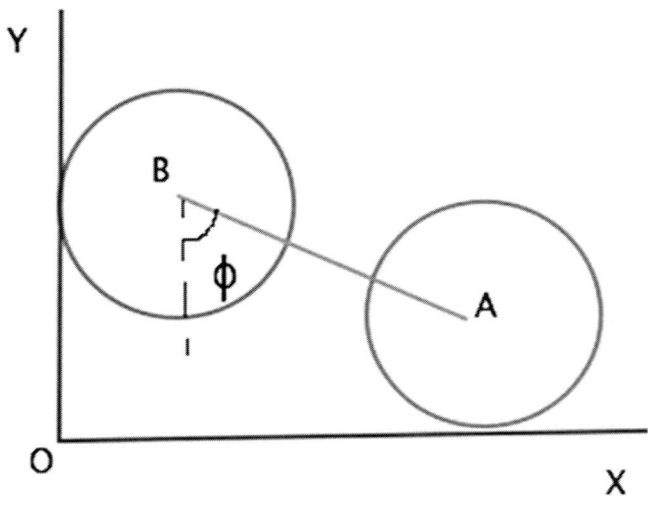

Por rodar y no deslizar, podemos poner para ambos discos:

$W_1 = - [(dx_A / dt)/ R] . k$

$W_2 = [(dy_B / dt)/ R] . k$

$x_A = R + L \, sen\phi$ $\qquad\qquad$ $y_B = R + L \, cos\phi$

Y las velocidades angulares serían:

$W_1 = - [L.(d\phi/dt).cos\phi/ R] k$

$W_2 = - [L.(d\phi/dt).sen\phi/ R] k$

Para tener las polares fija y móvil, como siempre tenemos que localizar el CIR de la barra, respecto a los ejes fijos (OXY):

OCIR = OA + ACIR

OA = (R + L. senϕ, R)

ACIR = W_{BARRA} x V_A / W^2_{BARRA}

$\quad$ = {(dϕ/ dt)(k) x [L. cosϕ (dϕ/ dt) i] / (dϕ/dt)^2

ACIR = L.cosϕ j

OCIR = (X_{CIR}, Y_{CIR}) = (R + L senϕ, R + Lcosϕ)

$(X_{CIR} - R)^2 + (Y_{CIR} - R)^2 = L^2$

BASE. Circunferencia de centro (R,R) y radio L.

Para la ruleta tomamos los ejes de la figura:

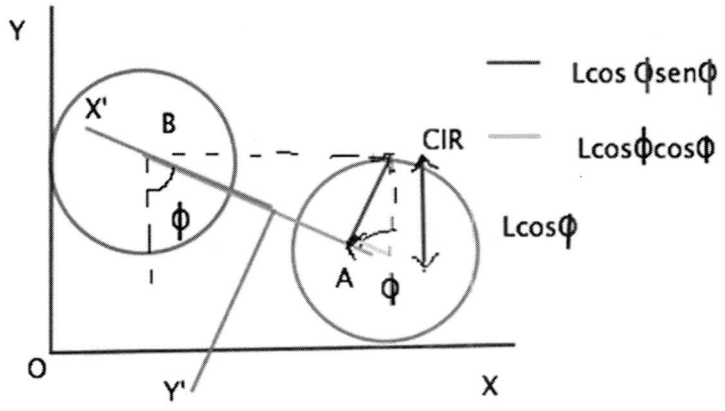

Por tanto:

X'_{CIR} = L. cos$^2\phi$ $\qquad\qquad$ Y'_{CIR} = L cosϕ senϕ

Modifiquemos la primera expresión:

$(X'_{CIR} - L/2)$ = Lcos$^2\phi$ - L/2

$(X'_{CIR} - L/2)^2 = (L\cos^2\phi - L/2)^2 = L^2\cos^4\phi - L\cos^2\phi + (L/2)^2$

Y ahora elevemos al cuadrado la expresión de Y':

$Y'^2_{CIR} = L^2\cos^2\phi \cdot \text{sen}^2\phi = L^2\cos^2\phi \cdot (1 - \cos^2\phi) = L^2\cos^2\phi - L^2\cos^4\phi$

Sumando las expresiones de los cuadrados tenemos:

$(X'_{CIR} - L/2)^2 + Y'^2_{CIR} = (L/2)^2$

RULETA. Circunferencia de centro (L/2 ,0) y radio L/2.

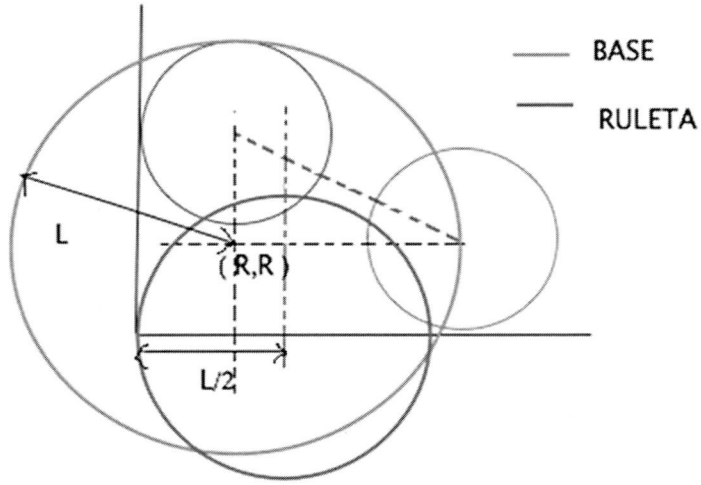

254

BIBLIOGRAFÍA

MECÁNICA (Apuntes de). Mariano Artes.
INGENIERÍA INDUSTRIAL. Madrid (2003)

CINEMÁTICA. *Curso de Mecánica Teórica*. Luis Ortiz Berrocal.
Madrid (1972).

PROBLEMAS DE ANÁLISIS DE MECANISMOS. Amelia Nápoles.
Jesús Petreñas. Ed. Delta . Madrid (2011).

*PROBLEMAS RESUELTOS DE CINEMÁTICA DE MECANISMOS
PLANOS*. U.P.C. Munir Khamasta. Lorenzo Álvarez. Ramón Capdevila. Barcelona (1988).

CURSO DE MECÁNICA. J. M.ª BASTERO. J. CASELLAS. C.
BASTERO. EUNSA. 5.ª Ed (2011).

ANÁLISIS DE MECANISMOS: CINEMÁTICA Y DINÁMICA. Amelia
Nápoles Alberro. Delta. Madrid (2010).

*PROBLEMAS RESUELTOS DE TEORÍA DE MÁQUINAS Y ME-
CANISMOS*. U.P.V. Suñer. Rubio. Mata. Albelda. Cuadrado (2011).
MECÁNICA. Marcelo Rodríguez Danta. Universidad de Sevilla
(2010).

ANÁLISIS DE MECANISMOS. Enrique Sanmiguel. Manuel Hidal-
go. Ed. Paraninfo (2014).

PROBLEMES DE TEORIA DE MÀQUINES. Universitat Politécnica
de València. Pla. Colomina. Masiá. Esquerdo (2002).

MECÁNICA APLICADA: ESTÁTICA Y CINEMÁTICA. Armando Bilbao. Enrique Amezua. Ed. Síntesis. Madrid (2008).

MOVEMENT EQUATIONS. M. Borel. G. Venizelos. WILEY (2016).

MECÁNICA. PROBLEMAS. Ramón Capdevila. Jordi Pujol. Jordi Romeu. Aula Politécnica. Enginyeria Mecánica (2009).

PROBLEMAS DE MECÁNICA. Juan C. Martín. Manuel Martín. ETSICCP. Madrid (1967).

MECÁNICA DEL SÓLIDO RÍGIDO. Carlos González Fernández. Ariel Ciencia. Barcelona (2003).

PROBLEMAS DE MECÁNICA. Carlos González Fernández. Bellisco Ediciones. Madrid (2013).

PROBLEMAS PARA UN CURSO DE MECÁNICA. Gonzalo Carlos. Gonzalo Alonso. Universidad del País Vasco (2013).

MECÁNICA. PROBLEMAS EXPLICADOS. Roberto Díaz. Javier Fano. UNED (2002).

MECÁNICA RACIONAL (90 PROBLEMAS ÚTILES). Rafael Magro. Marta Serrano. Laura Abad. Ed. García Maroto (2006).

DINÁMICA PARA INGENIEROS (51 PROBLEMÁS ÚTILES). Andrés Valiente. Ed. García Maroto (2019).

TEORÍA DE MÁQUINAS Y MECANISMOS. Universidad de Sevilla. Domínguez, Acosta, Chamorro *et al*. E.T.S.I. Sevilla (2015).

CINEMÁTICA DE MECANISMOS. ANÁLISIS Y DISEÑO. Alfonso Hernández. Ed. Síntesis (2004).

MÁQUINAS Y MECANISMOS. MYSZKA DAVID. Pearson (2012).

FUNDAMENTOS DE TEORÍA DE MÁQUINAS. Simón, Bataller, Cabrera *et al*. Ed. Bellisco. E.T.S.I.I. Málaga (2009).

MECÁNICA PARA INGENIEROS. J. M.ª de la Cruz Cano. Ángel M.ª Sánchez Pérez. Dextra. E.T.S.I.I. Madrid (2016).

AMPLIACIÓ DE MECÁNICA.RESOLUCIONS DE QUESTIONS I PROBLEMES (RECURSO ONLINE EN LA PÁGINA WEB DEL AUTOR). J. Agulló i Batlle. *OK PUNT* (2006).

MECÁNICA DE LA PARTÍCULA Y DEL SÓLIDO RÍGIDO. J. Agulló. *OK PUNT* (2002). *ONLINE*.

ANALYTICAL KINEMATICS. ANALYSIS AN SYNTHESIS OF PLANAR MECHANISMS. Roger F. Gans. University of Rochester (2000).

DESIGN OF MACHINERY. AN INTRODUCTION TO THE SYSNTHESIS AND ANALYSIS OF MECHANISMS AND MACHINES. Robert Norton. Mc Graw Hill (2012).

THEORY OF MACHINES AND MECHANISMS. Uicker. Pennock. Shigley. Oxford University Press 2015.

KINEMATICS AND DYNAMICS OF MACHINES. George H. Martin. Mac Graw Hill (1992).

PROBLEMAS RESUELTOS DE TEORÍA DE MÁQUINAS Y MECANISMOS. J. C. García. C. Castejón. H. Rubio. Thomson (2009).

FUNDAMENTALS OF MACHINE THEORY AND MECHANISMS. Simón, Bataller *et al*. Springer (vol. 40) (2016).

APUNTES DE TEORÍA DE MÁQUINAS Y MECANISMOS. Fernández Benítez. Rodríguez Juan M. Vera Martínez. E.U.I.T.I. Madrid (2013).
PROBLEMAS RESUELTOS DE TEORÍA DE MÁQUINAS. A. Hernández Battez. R. Truco. M. Cadenas. R. Vijande. Textos Universitarios Ediuno (2010).